简·奥斯丁

短暂的一生

Jane Austen:

A Brief Life

[英]费奥纳·斯塔福德 著
张学治 译

江苏人民出版社

图书在版编目（CIP）数据

简·奥斯丁：短暂的一生 /（英）费奥纳·斯塔福德著；张学治译. —南京：江苏人民出版社，2019. 1

书名原文：Jane Austin：A Brief Life
ISBN 978-7-214-23026-3

Ⅰ. ①简… Ⅱ. ①费… ②张… Ⅲ. ①奥斯丁（Austen，Jane 1775—1817）—传记 Ⅳ. ①K835. 615. 6

中国版本图书馆 CIP 数据核字（2018）第 296149 号

书　　名	简·奥斯丁：短暂的一生
著　　者	［英］费奥纳·斯塔福德
译　　者	张学治
责任编辑	周晓阳
装帧设计	soleilevant@163. com
出版发行	江苏人民出版社
出版社地址	南京市湖南路 1 号 A 楼，邮编：210009
出版社网址	http：//www. jspph. com
照　　排	江苏凤凰制版有限公司
印　　刷	江苏凤凰新华印务有限公司
开　　本	890 毫米×1240 毫米　1/32
印　　张	5　插页 4
字　　数	100 千字
版　　次	2019 年 5 月第 1 版　2019 年 5 月第 1 次印刷
标准书号	ISBN 978-7-214-23026-3
定　　价	38. 00 元

（江苏人民出版社图书凡印装错误可向承印厂调换）

目　录

序

“她以何作答呢？——当然是得体之语了。女士们都是如此。”整整48章的误会之后，艾玛总算搞清了奈特利先生对她的一往情深，宽慰之感如潮涌起。完美的大团圆结局近在咫尺，字里行间涌现出浓烈的欢乐之情。但凡有点同情心的读者，在这种障碍清除、真相大白的时刻，想必都会感同身受，分享着主人公的快乐。不过，即便此刻，叙述的笔法依然不失含蓄。种种疑虑固然已化为烟云，可作者仍旧掌控着一切，以高超的写作技巧，既邀请读者共享女主人公的快乐，又精心呵护着她的隐私。而这，正是简·奥斯丁成熟期小说的一大特色。她拥有一项特长，在写作者中可谓无出其右：一方面，她塑造的角色们活灵活现，仿佛都是些拥有独立意志的个体，另一方面，她又娴熟地借助一位“叙述者”来讲故事，后者像是读者的密友一般，你会感觉似乎随时可以上前请教，打听打听进展。

艾玛对奈特利先生“恰到好处”的回答，反而促使他接着又来了新一轮表白，而这，其实也正是她的创造者本人的特长之一。在一些细节上，简·奥斯丁每每会鼓励读者们尽情放任自己的想象力。比如《诺桑觉寺》里，她请大家自行想象埃莉诺·蒂尔尼未来夫君的模样。小说中的叙述者看来深谙种种标志着故事大结局即将到来的迹象，她宣布道，对于埃莉诺的丈夫，没必要进行任何详细形容，因为“这世上最可爱的一位年轻人已经在我们所有人的想象中现身了”。奥斯丁的小说经常这样故伎重施，让我们到头来既无所不知又一无所知。她的叙述总是一方面推心置腹，一方面话留三分，既开门见山、言无不尽，又环顾左右、期期艾艾。或许正因为如此，从古到今数不胜数的读者们，想必也是一边心怀感激地拜读着她的小说，同时，也不免对于这些作品背后的女作家本人滋生出了几分好奇。

事实上，简·奥斯丁本人的生平也是以这种风格呈现的：貌似开诚布公、毫无隐瞒，实则高深莫测、滴水不漏，反而惹得人们愈发好奇。比如，我们一清二楚地知道佳人住在哪里，于何处去世，又在何时何地写下那些伟大的作品。须知，简·奥斯丁终其一生，身边都围绕着许许多多亲人。从很早开始，各种和她有关联的人就已纷纷写下对她的第一手回忆，而早期对其生平的研究正是在这些回忆录的基础上展开的。我们可以确切地得知，她都有哪些朋友，进入过哪些社交圈子，拜访过什么样的人家，参加过什么样的活动。此外，奥斯丁本人的许多通信都保留至今，里面不厌其烦地介绍了各种帽子和胸针，客人和醋栗，驴子和晚餐，缝纫、疾病，甚至她阅读的作品的细节。比起其他许多两个世纪以前的作家，我们对于简·奥斯丁可谓了如指掌。然而她的人生仍有许多不解之谜。虽说她去世仅仅两个月时，她的一位哥哥就发表了关于她的首部传记，但在那些真正重大的方面，我们对于简·奥斯丁仍旧只能说是一无所知——她的写作方式、文学偏好、政治观点、宗教信仰，以及，尤为重要的，她的情感生活。在这些重大问题上，时不时也会冒出蛛丝马迹的信息，但是每每，幸存下来的细节即便能解决一些问题，同时又会抛出更多谜团。因此，简·奥斯丁的传记作者们的处境和站在灌木丛中的奈特利先生颇为相似：从佳人那里收到的星点信息，反而让他们越发觉得意犹未尽、欲罢不能。

在某种意义上，每个读者都会觉得自己与简·奥斯丁心意相通。她那种绘声绘色的叙述方式，那些如珠妙语，那种对人性的深刻了悟，都是如此清晰地跃然纸上，以至于我们似乎立刻就能辨认出她独一无二的声音。也正因此，很多人自信满满，觉得可以轻而易举地想象出自己心目中简·奥斯丁的模样。不过，不管是近亲，还是广义上的家人，还是后来的仰慕者、学者或者电影制作人，他们对

简 · 奥斯丁的理解究竟是否符合原初真相，都是无从判定的了。“人类很少能够，或者说几乎无法发现彻底的真相；很少有什么事不是多少披着点伪装，或者某种程度上被误解的。”简 · 奥斯丁的这段文字，固然可能是针对艾玛 · 伍德豪斯所写，不过对于任何企图理清奥斯丁本人生平的人，都不失为一句恰如其分的睿智警告。

话说回来，艾玛尽管不停地误会别人，但到头来都得到了善意的谅解；或许奥斯丁本人对于她的追随者们，也会像人们对艾玛一样，更多是觉得有趣而不是反感吧。她想必明白，任何为她立传的努力，都是由对她的小说的执着迷恋而激发的。作为写作者的她，素来擅长言简意赅地搭建背景、介绍人物，由此给读者们布置下推测故事可能走向的任务。有鉴于此，如果我们在记录关于她的生平的一些已知事实之余，也在此基础上做一定的推断，或许也不失为一种致敬之举吧。

一旦我们不再视这些小说为一个涌动着独特的人物、遵循着特定规律的自治世界，而是意识到它是在某一具体时地，由一位真实存在的女士撰写而成，那么，关于作者的人生和作品之间的关系的问题就不请自来了。事实上，我们如果意识到以下这一点，也就是简 · 奥斯丁的人生是在世界历史最动荡不休的几个时段之一当中展开——她出生 6 个月时，美国独立战争爆发；她 13 岁那年，发生了攻占巴士底狱事件；她的整个成年期，英法战争连年不休；

就在她去世之前两年，还发生了著名的滑铁卢之战——那么，她在小说中对这些大事只字不提的做法，实在难免令人惊异。实际上，可以说她是一位在战争时期写作的小说家，然而在她的作品所描绘的世界中，所有重大行动都发生在舞厅、起居室或者花园里。她在世时，英国经历了重大的社会和经济变革，在一位精神不稳的国王和一位风流王子①的统治下，新的工农业生产方式涌现、城市扩张、通讯手段迅速进步。爱尔兰的起义、英格兰的暴动、海外的胜利和失败、政治联盟、首相遇刺——这一切，全都在她的写作期间发生。然而，在她那些显然秉承现实主义风格的作品中，此类公共事件全都毫无痕迹。怎会这样?

令读者困惑不解的，还不只是小说中对当时政治背景的只字不提。就奥斯丁本人的真实人生体验而言，我们已知的一些生平事实，和她的小说的一些重要特点之间，也有着同样令人费解的巨大鸿沟。除了对朋友和家人的短暂拜访，她 41 岁的人生中，整整 34 年都是在英国的汉普夏郡度过，然而她的小说却没有一部以此地为背景。她在一个有六个男孩和两个女孩的大家庭中长大，可笔下却尽是一些只有女儿们的人家——达施伍德家、贝内特家、伍德豪斯家、艾略特家，均是如此。简·奥斯丁本人有五位哥哥，可她的小说女主人公当中，只有两位有哥哥。她的父

① 指精神失常的乔治三世（1738—1820）和担任摄政王子的乔治四世（1762—1830）。——译注

亲是她所出生的那个教区的教区长，然而她笔下塑造得最生动的几位牧师却都是些无比虚荣、自私自利的家伙。她一直到去世都和母亲生活在一起，但是她的主人公的母亲们都是要么早早去世、要么隐身幕后，或者是完全不起任何作用的次要人物。奥斯丁一家正常地遭遇过疾病、死亡和各种磨难，但这些事件比起她小说中的那些情节，都只能说是小巫见大巫。简·奥斯丁终身未婚，可她的每部小说都采用了传统喜剧和童话的皆大欢喜结局，情节总是坚定不移地一步步朝向喜结良缘发展。

我们可以由此得出一些什么样的结论呢？应当如何理解简·奥斯丁的人生和艺术？在一个大多数女性都鲜有机会受到正规教育，更没可能上大学的年代，简·奥斯丁怎能写出那些令最睿智者都趋之若鹜的小说？查尔斯·达尔文读得烂熟于心、阿尔弗雷德·丁尼生勋爵为之宁愿弃17世纪政治史于不顾、温斯顿·丘吉尔哪怕在闪电战期间也爱不释手的那些作品，究竟都是如何涌现的？这类问题估计绝非一部简短的传记可以解决，但是，但凡简·奥斯丁的传记都无法回避它们，因为在很大程度上，简·奥斯丁的公共形象依然还只是她的兄弟姐妹们和她维多利亚时期的侄儿侄女们所描述的那位平凡小女子。我们这部篇幅不长的传记并无意破坏奥斯丁的仰慕者或反对者之前设法塑造出的那些简·奥斯丁的形象——实际上所有的新传记作者们都应当珍视并认真解析这些形象。不过，本书除了陈述简·奥斯丁的一些生平事实，也试图对各种谜团进行一些解答。当然了，笔者的研究，自始至终都是基于对奥斯丁的小说的惊羡仰慕之情而展开。

这样一部传记的写作，自然需要多方相助才能完成。简·奥斯丁在世时，第一份相关的严肃评论于《艾玛》出版后发表在当时的重要期刊《每季评论》上，高度赞美了她的作品，其作者乃是文坛巨擘瓦尔特·司各特先生本人。没过多久，在 1817 年 12 月，亨利·奥斯丁就为过世不久的妹妹撰写了一篇简略的传记性悼文，与奥斯丁身后出版的《诺桑觉寺》和《劝导》一道发表。从此，简·奥斯丁在文坛始终屹立不倒。到 19 世纪后期，她已声名显赫，作品稳稳地跻身世界名著之列。这位将最初一批作品都托名为某无名“女士”所著的作者，已逐渐在文学批评界赢得了几乎无可匹敌的重视。本书作为对奥斯丁生平和作品的研究类著作，也从这些阐释、解读她的文章中获益良多。此外，本书的写作还受惠于对简·奥斯丁生活过、拜访过和设为小说背景的那些地区的访问，尤其是巴斯、博克斯山、乔顿①、莱姆·里杰斯、朴次茅斯、史蒂文顿和温彻斯特。我要感谢简·奥斯丁故居纪念馆的两位热情的馆长路易斯·韦斯特和玛丽·盖亚特，也要感谢吉莲·道尔和她在乔顿故居的同事们。薇薇安·布兰斯顿热情相邀，为我

---

① 简·奥斯丁后半生居住于此，这里也是她的故居纪念馆所在地。——译注

提供了了解简·奥斯丁在肯特的家族成员的机会，我还得到殊荣，得以拜访奥斯丁大家族里的几位后人。简·奥斯丁研究会，包括一些地区分会，都始终非常友好，我通过与其成员们的多次愉快交流，获取了很多信息。我还荣幸地和牛津大学的学生和同事们展开了关于奥斯丁的讨论，他们包括罗斯·巴拉斯特、鲍拉·巴内、桑迪·巴内，理查德·杰金斯、弗莱娅·约翰斯顿和凯特琳·萨特兰。此外，我也非常幸运，得以与耶鲁大学出版社优秀的编辑团队合作，尤其要感谢既热情又专业的梅丽莎·邦德和朱利安·鲁斯。此外，谨对克莱尔·亚历山大表示特别感谢。

正如许许多多的真实人生一样，简·奥斯丁的生平与她笔下的那些浪漫故事之间，未必能有一一对应的关系。她之所以成为本书和其他数不胜数的传记类研究的主人公，是因为她写了六部出色的小说。它们全都发表在1811年到1817年之间的短短六年中，我们这部简略的传记也是围绕它们而展开的。文字量之巨、发表速度之快，两者几乎并不匹配：简·奥斯丁仅仅利用了自己生命的五分之一时间，便取得了这些惊人的成就。虽然人们很少把简·奥斯丁与她那些辉煌的同代人归为一类，但其实她和济慈、彭斯、雪莱、拜伦这些浪漫主义天才们非常相似——同样满怀青春激情，一旦找到独属于自己的声音，便一发不可收拾，同时，尚未抵达中年便陡然陨落。

第 1 章　童年：1775—1787

奥斯丁的小说中并没有出现太多婴儿。在《傲慢与偏见》后半部，柯林斯先生带来噩耗："一个小孩"即将出生，他将会令贝内特一家永远失去郎伯恩大宅；而在《艾玛》中，女主人公艾玛认为，即将诞生在兰道尔斯庄园的那个宝宝，意味着温斯顿夫人将要远走高飞，再也不会留下来陪伴她了。年轻的母亲们每每都不会出现在小说的中心人物群中，书里即便提到她们，也经常纯粹是为情节服务，比如普莱斯夫人关于她"第九次怀孕"的哀叹就有效地推动了《曼斯菲尔德庄园》的故事发展。尽管我们在艾玛对小侄儿的素描中，或者《理智与情感》中帕尔马先生对儿子和继承人秘而不宣的爱意中，都可以看到一种对于宝宝们更为温情的态度，但是，在奥斯丁的所有小说中，从来没有哪个宝宝作为丰满、完整的人物出现过。根据奥斯丁本人的通信来判断，她对于新生儿的态度也是非常含糊的。她固然是一位颇受喜爱的姑妈，但是私底下对于侄女安娜·勒夫罗频频怀孕的评论，表明她对于接二连三呱呱落地的宝宝们并非总是欣然欢迎："可怜的生物，她不到30岁就会被拖垮。我真为她难过。"①

简·奥斯丁本人不曾生育，她姐姐卡桑德拉也一样。与那个时代的许多孩子不同，简·奥斯丁并没有太多与年幼的弟弟妹妹们玩耍的机会。她的大哥詹姆斯到14岁时，已经亲眼见证了妈妈先后又诞下的五个男婴和两个女婴。但是，对简来说，家里只有一个比她更小的孩子，那就是在她3岁时出生的查尔斯。奥斯丁夫人习惯将宝宝们留在家里抚养几周，旋即送到村里让人代养，因此，小姑娘简的早期记忆中，即使出现过小查尔斯的身影，估计也只是在他出生后的短短几周而已。她10岁时，她那位传奇表姐伊莱扎·德·费里得，经常带着幼子哈斯廷斯到奥斯丁家做客，不过这位宝宝身体欠佳，与其说为大家带来了纯然的欢乐，毋宁说总是惹得人们为他担心焦虑不已。直到奥斯丁家族的下一代开始问世，比如1793年，简·奥斯丁的侄女范妮和安娜出生，简才终于有了与小宝宝们近距离接触的机会——不过，此时芳龄17岁

①《简·奥斯丁通信》（Jane Austen's Letters），Deirdre Le Faye主编，第4版（Oxford，2011），第351页。

的她，估计正满心沉浸在自己的小世界里，对其他人、其他事不会有多少兴趣。

简・奥斯丁的父亲，
教区长乔治・奥斯丁

简・奥斯丁是在大男孩们的围绕中长大的。1775 年 12 月，她出生在汉普夏郡的斯蒂文顿牧师宅邸，是当地教区长乔治・奥斯丁和夫人卡桑德拉的第七个孩子。简的出生比预产期迟了一个月，恰好赶上 18 世纪最寒冷的冬天之一，此时的教区长和奥斯丁夫人膝下已有詹姆斯、乔治、爱德华、亨利、卡桑德拉和弗兰西斯几位子女。因此，又一位宝宝的降生并没有引起什么轰动，没人能想到她将会成长为最杰出的英语作家之一，其作品将会备受欢迎，令整个家族熠熠生辉。作为家里最年幼的女孩，简想必与哥哥们有着特别的亲密关系，遇到各种问题都会去找他们，寻求建议、欢愉、陪伴和慰藉。家中人丁兴旺，意味着她的童年不会沉闷乏味，也绝无孤独之忧，不过想必这种大家庭的环境，难免也会偶尔带来失望、挫败和无助之感。在兄弟姐妹之间，亲密相依和闹别扭总是相伴出现。大家互相依靠固然令人心安，但也有可能引发一种隐隐的恐慌，让人感觉自己仿佛无关紧要——小姑娘简是家里的重要成员，但同时无非只是八个孩子中的一个而已。童年时代的简·奥斯丁想必会发现，总有个把做哥哥做姐姐的比她大一点、聪明一点，既是她的榜样，同时也毫无疑问会逼着她想办法证明自己也不差。

毕竟，就天赋才华而言，她的家族可没少受上天眷顾。她的长兄，出生于 1765 年的詹姆斯，天生聪慧、活泼，阅读广泛。他热爱读诗，也喜欢写诗，在当时这是一种颇为流行的爱好。比詹姆斯小 3 岁的爱德华，相貌英俊、机智聪明、意志坚定，擅长讲幽默故事。他弟弟亨利也是一位英俊聪明的小伙子，天性乐观，在所有聚会上都兴致勃勃地发挥着幽默天分，妙语迭出。卡桑德拉是家中长女，出生于 1773 年，比三哥亨利小了 18 个月，不过在外貌上更像二哥爱德华。她是个深色头发的美人，天性温柔，聪慧娴静。弗兰西斯比她小 1 岁，从小就行事积极、意志坚定，7 岁时就自作主张买了一匹小马，以便和哥哥们一起出门狩猎。弗兰西斯是家里第一个参加海军的孩子，最后成了海军元帅，这是整个英国海军的最高军衔了。家中最小的孩子查尔斯出生于 1779 年，和其他孩子一样聪明、温和、勇敢。1791 年，法国对英国宣战的前夜，查尔斯尾随弗兰西斯，也加入了海军。只有乔治颇为令人遗憾。这位比詹姆斯只小 1 岁的家中次子，似乎命中注定无缘享受大家庭的温暖。自童年起，他就时不时发作痉挛，饱受语言障碍和某种不明智障之苦，因此，他被送走，由附近一户人家收养，几乎很少作为奥斯丁家族成员被提及。①

小时候，简·奥斯丁家的成员们在大家庭里过着美好安稳的日子，但同时，也未能幸免分离与变化之苦。这一大家子人性格都属活泼有趣、聪慧睿智，彼此相伴，其乐融融，不过其实欢聚一堂的机会并不多。家中的长子降生和幼子落地之间跨越了 14 年时间，意味着查尔斯出生的那一年，詹姆斯已远赴牛津求学。此外，乔治从家中的古怪消失，想必也会让小妹感受到世事的莫测难料，让她意识到，在这个世界上，有的孩子得蒙天赐，天生优雅、富有才华，有的孩子却生来命运多舛，从而难免也对于自身的地位是否牢靠这个问题生出几分担忧。从小时候起，简·奥斯丁的性格中就充满了对天赋健康与才华的感恩之情，以及对于那些横遭不幸者的怜悯同情——这些都将在她日后撰写的小说中有所体现。

除了乔治的缺席，她还不得不忍受一些猝然的离去。她仅仅 8 岁时，爱德华被父亲的一位富有、无子的亲戚收养，此人是肯特郡戈得默山姆庄园的主人托马斯·奈特。

---

① 关于简·奥斯丁的家人的情况，主要资料来源为她的亲人们撰写的各种回忆录。参见 James Edward Austen-Leigh，《简·奥斯丁回忆录和其他家族往事》（A Memoir of Jane Austen and Other Family Recollections），Kathryn Sutherland 主编（Oxford，2002）；William Austen-Leigh and Richard Authur Austen-Leigh，《简·奥斯丁：一份家庭回忆录》（Jane Austen：A Family Record），Deirdre Le Faye 主编（Cambridge，2004）；以及上述作者的《简·奥斯丁及其家人年谱，1700—2000》（A Chronology of Jane Austen and Her Family 1700—2000，Cambridge，2006）。也参见 George Holbert Tucker 非常有用的《简·奥斯丁家族史》（A History of Jane Austen's Family），修订版（Stroud，1998）。

在奈特先生看来，收养爱德华实属慷慨之举：他的二表弟要供养、教育那么多儿子，此举可以帮他减少一点压力，同时也可以给这个男孩提供一个笃定的未来，让他享有一份绅士的产业和相应的社会地位。为了在世界上立足，弗兰西斯和查尔斯都不得不历尽风险、吃尽苦头，尽力给他们的海军长官们留下好印象，可爱德华却可以不劳而获，无须什么额外付出，只要拥有一副健康的体魄，并且恰好是家中的幼子（虽然又并非最小的儿子），就足以坐拥一份锦绣前程。就此而言，人类命运那随意却深刻的不公之处，想必也给他的小妹留下了深刻印象。此外，分离之苦或许也迫使她在心理上作出一些自我防卫，从此有所忌惮，学会不要对哪怕最亲的亲人产生过度的依赖之情。

1786 年，弗兰克①紧随爱德华之后也离开了家，投入海军军官的训练营，再次引发亲人们的失落之感，也让他们备受担心焦虑的折磨。迎接年轻的海军军官候补生的，想必是重重的磨难与考验，像简·奥斯丁这样一个不乏想象力的人，自然很容易因此而触发最深沉的担忧之情。12 岁的男孩兴高采烈地出发去为国王和大英帝国效劳，而他的妹妹则深陷能否再度相逢的焦虑。在此种情境中，她需要付出不小的努力，才能勉强合乎时宜地为弗兰克英勇的爱国之举感到自豪。1791 年，查尔斯追随弗兰克的榜样而

---

① 弗兰西斯的昵称，后同。——译注

去，让 15 岁的简・奥斯丁面临一个更为艰巨的任务：大战一触即发，海军注定要大量卷入，而她不得不在这种时候送别小弟去参军。

不过，兄弟离家也并非总是意味着锥心之痛。詹姆斯和亨利出门都是为了去牛津读书，而且平平安安，经常回家。詹姆斯和爱德华都喜欢漫长的洲际旅行，返家时总是毫发无损，还会讲述许多外国的新鲜事儿。教区长宅邸里，每次有儿子归家都是一件大事，家族重聚，共享天伦之乐，同时也会涌现出大量来自汉普夏郡乡村以外的新鲜思想和故事。斯蒂文顿和附近的教区里，都生活着许多其他的大家族，各有各的出生、婚姻、死亡和事故，但是，小村庄就是小村庄，难免时不时陷入寂寥。一年到头，四季循环，根据教堂日历，奥斯丁教区长雷打不动地为大家布道，他的家人则虔心参加这些活动。斯蒂文顿教区的成员们一成不变地操办着各种基督教节日——主显节、四旬斋、复活节、圣灵降临日、圣三主日、米迦勒节、基督降临节和圣诞节——此外也中规中矩地应对每年惯例的农场和农田事宜：耕种、播种、产羊羔、堆干草、收获、猎山鹑和猎狐。

对乡村社团而言，反复无常的英国天气尤为令人关注。乔治・奥斯丁除了要应付教区牧师的全套责任，还要经营农场，决定收成好坏的天气在他而言也是一个重要话题，绝非可以一笑了之。不过，对于一个小女孩来说，季节变化主要意味的仍是四时不同的服装和活动。寒冷阴暗的冬季里，等到因为结了霜的美丽蜘蛛网或大雪突降而起的兴奋之情消退后，在光线变得明亮、白昼变得更长之前，难免有一段漫长时光要打发。做刺绣、读书和玩游戏固然可以愉快地打发时间，不过在 10 月到 3 月之间的冰天雪地中，如果能冒出什么新鲜事，那才更是令人欢欣鼓舞的。

1782 年，詹姆斯这位到更广阔的世界旅行的先锋人物休假归来，全心投入业余戏剧表演活动。他在牛津接触到当时的各种时髦事儿，18 世纪，许多时尚活动风靡英国，其中之一便是搭建家庭舞台。比起那些甚至模仿着伦敦大剧场样式搭起微缩版家庭剧场的乡村大宅，斯蒂文顿教区长宅邸可能不够大，但它也有一个宽敞的前厅和一个谷仓，所以，何不搭个临时舞台呢？与《曼斯菲尔德庄园》中的伯特伦家不同，奥斯丁家的幸运之处在于，父母鼓励孩子们发挥创造才华，并没有成为他们的阻碍者，反倒是充任起了热心观众。奥斯丁夫人也许和伯特伦夫人①一样，喜欢半躺在沙发上打发时间，不过她也是一位非常活泼的女士，满腹才华，擅长编撰睿智的诗句，喜欢和孩子们分享双关语和喜剧活动。乔治·奥斯丁则是一位学识渊博之人，毕业于牛津大学圣约翰学院，博览群书、热爱文学，也不忘鼓励、培养下一代，帮助他们崭露头角。随着家庭日益扩大，

①《曼斯菲尔德庄园》中的一位贵妇。——译注

为了解决衣食问题，他给年轻绅士们提供住宿并担任他们的私人教师。节假日里，他的学生们一般都各自回家，留下来的几位就充任了家庭剧院的备选演员。斯蒂文顿大宅的早期剧目中有一部叫作《玛蒂尔达》的悲剧，这些没回家的学生中有位名叫托马斯·法尔的，便担起了在这部剧作中朗读尾声之重任，此人后来向卡桑德拉求婚。不过，大多数时候这些戏剧角色都是由奥斯丁一家亲自扮演的，他们借此一展才华，乐在其中。

糊涂虫玛拉普洛夫人，《情敌》插图，勒内·本·苏珊绘制，1953 年

对简来说，看到哥哥们出演最初于 1775 年在考文特花园①首演的谢里丹喜剧《情敌》，堪称一件激动人心的大事。在这么小的年纪就见识到令人难忘的糊涂虫玛拉普洛夫人②，以及莉迪亚·兰桂什③的想象世界

① 指英国皇家歌剧院，这是位于伦敦中心考文特花园的一个著名剧院。——译注

② 英国喜剧大师谢里丹名剧《情敌》的人物，剧中小姐的监护人，一位老古板的寡妇。其名字的本意为“用词不当”，她喜欢搬弄漂亮词句，又不了解其含义，经常闹笑话。——译注

③《情敌》女主人公，一位饱读当时的流行小说，幻想浪漫爱情的小姐。——译注

（它迅速完全取代了真实世界），令她震撼不已。简既是家中成员，又是一位热切的观众（因为太小了，还不能分配到角色）。她既可以欣赏到最后的上演，又亲历了为如此一出野心勃勃的戏剧而日积月累、反复排演的过程——男孩们背诵台词、排演场景、设计道具、训练舞台发音。为了某晚上演一部令人信服的作品，需要付出巨大的努力、占用大量的时间，所有人都必须紧密配合。不过，这一切都物有所值，因为这是一个上佳的机会，可以让一群满怀善意的观众开心，可以逗得人们开怀大笑，还可以证明个人的能力。斯蒂文顿的戏剧表演给詹姆斯·奥斯丁带来机会，让他在诵读当时最出色戏剧家的作品之余，也得以诵读自己的作品——这对他那位尤其天赋出色的妹妹来说，想必是个激动人心的好主意。在舞台上，可以获取全新的身份，实现异想天开的一切——这一点在《情敌》中尤为突出，在其中，扮演杰克·爱博舍洛[①]的演员还必须演出杰克伪装为恩赛·比弗利[②]的情景。简也许在捧腹大笑之余，也学到了新知，因为在一个所有人自打出生以来就彼此熟识的社团里，伪装成别人这种事简直是毫无可能的。舞台上是一个完全独立的世界，仅仅遵循谢里丹戏剧那诙谐的内在逻辑而运转。纵然地处闭塞边远之境，哪怕斯蒂文顿大

---

①《情敌》男主人公，莉迪亚小姐的追求者。——译注

② 剧中杰克为了迎合莉迪亚的浪漫想象，伪装成穷军官恩赛·比弗利，劝说莉迪亚与自己私奔。——译注

宅的戏剧上演只是小小的家庭娱乐，这些活动依然对奥斯丁家那些年幼的孩子们演示出了艺术的意义。

詹姆斯为家庭表演选择的剧本都是既富娱乐性又不乏教育意义的。不过，对小简·奥斯丁而言，观察排演时的人际互动想必同样不无裨益。这个人急于控制全场，那个人不乐意乖乖配合，关于演员表没完没了的争吵——所有这些生动地记录在《曼斯菲尔德庄园》中的细节，都源自她童年时代在斯蒂文顿的经历。1786 年，伊莱扎·德·费里得在圣诞节演出时赶来，平时那些争吵和妥协更是突然变得几近打情骂俏了。

伊莱扎是乔治·奥斯丁的妹妹菲尔德菲亚的女儿。1752 年，菲尔德菲亚做了一个勇敢的决定，不顾热带气候的威胁，冒险开展了一场漫长的越洋旅行，出发前往印度。她一登陆就与泰索·汉科克相遇并结婚，八年后生下伊丽莎白，小名伊莱扎。伊莱扎长大后回到欧洲，嫁给法国贵族孔德·德·费里得，并根据教父沃伦·哈斯廷斯的名字，给儿子起名哈斯廷斯。她这位教父是印度总督，也是她父母的密友，尤其与菲尔德菲亚关系密切。沃伦·哈斯廷斯有否可能其实正是小宝宝的亲外公，这个问题每每引起人们的争论，虽然各方都拿不出什么像样的证据。有一点显而易见：不管伊莱扎的生父究竟是谁吧，她在 1780 年代频频长期访问斯蒂文顿这个男性居多的家族时，想必都带来了迷人的异国情调。她在印度长大，奥斯丁家的人仅在书上读到的那些地方，她都熟悉无比。她嫁给了一位法国伯爵，更是跻身于奥斯丁这样的人家平素只能想象的那种社交圈子。这会儿，怀抱幼子、丈夫远在外地的她，显得既柔弱又自由。她比奥斯丁家族的这些表弟表妹们都大几岁，但依然相当年轻，也非常美丽，足以令人激动不已。

伊莱扎不仅乐于参加家里的表演，甚至还在喜剧中扮演女主角，这意味着戏剧——以及表演——的范畴大大扩充了。1787 年，詹姆斯为苏珊娜·森特理弗[①]的喜剧《奇迹》写的跋文由伊莱扎负责朗读，这基本上是一首赞美女性以及她们从男性暴政下获得的新自由的诗歌：

多谢我们的快乐守护星辰，那些日子已一去不返，
女人再也不是次等生物。
现在，男人们不得不放弃长期以来的强权
他们变聪明啦，这些万物之主人！
他们屈服于我们卓越的统治，
沦为我们的魅力的奴隶，屈服于我们的智慧；
我们可以轻而易举地哄骗他们，
一个微笑就足以令他们俯首帖耳。[②]

---

① 1667—1723，英国女戏剧家、女演员。——译注
②《詹姆斯·奥斯丁诗歌全集》（A Complete Poems of James Austen），David Selwyn 主编（Chawton，2003），第 20 页。

这对于奥斯丁兄弟们来说，真是一个惊人的变化；他们的妹妹们也意识到，他们的关注重点出现了巨大的转变。如果说詹姆斯迅速变成了伊莱扎的崇拜者，亨利就更是为他这位迷人的表姐如痴如醉。所有人都很快注意到，他们两人相处甚欢。伊莱扎比亨利大了10岁，而且已婚。不过，到了1797年亨利26岁时，伊莱扎成了寡妇，重获自由，果真嫁给了他。

表姐带来了一种全新的女性形象。与奥斯丁夫人和他们家族的许多朋友截然不同，伊莱扎似乎来去自如，想待多久就待多久，然后说走就走，毫无家务琐事缠身，也没有父母管教的阻碍。不过实际上，伊莱扎的生活远非轻松：她始终担忧着身陷法国大革命的丈夫的安危，也为他们先天不足的儿子操心不已。然而，在小姑娘简看来，这是一位见过世面的女人，法语说得和英语一样流利，衣着入时，将巴黎派头带到了汉普夏郡乡下。伊莱扎也很喜欢这些英国亲戚，长期以来与简和卡桑德拉保持着密切的关系，给她们灌输了各种别处学不到的见识，一直到她们步入成年都是如此。

美丽的表姐
伊莱扎的肖像

伊莱扎对这个圈子而言是一个令人激动的补充，不过在简看来，圈子的核心人物则是卡桑德拉。她的兄弟们来去无踪，留下悲伤，但是唯一的姐姐卡桑德拉却在简的一生中都充任着一个稳定、重要的安全感之源。姐妹俩同居一间卧室，分享着默契的幽默感，一辈子心意相通。她俩即使成年之后也很少分离，一旦短暂分开，总会频频通信，仿佛想要借此来忘掉两人不在一起的事实。在她们小时候，卡桑德拉就充任了简的引路人和倾吐对象。正如全家一致认为的，这两个女孩相依为命。因此，不奇怪的是，简·奥斯丁发表的作品中，最初的主人公都是姐妹们。简对卡桑德拉如此依恋，以至于大家认为卡桑德拉应该出门，到外头接受更规范一些的教育的时候，简决定也跟着去。虽说她只有 7 岁，但是和卡桑德拉一起住在学校里，也比独自一人留在家里强。她们的妈妈当时评论道，“如果卡桑德拉要被砍头，简也会坚持和她共赴刑场。”① 不过，两个女孩在求学期间果真遭到一场劫难，妈妈开的玩笑差点一语成谶。

毕竟，辞别家人并非只是男性的特权。简和卡桑德拉，还有她们的表姐简·库伯，也就是奥斯丁夫人的姐姐的女儿，1783 年一起出发前往牛津，到简·库伯的姑妈考雷夫人那里求学，后者是牛津大学布雷齐诺斯学院院长的夫人。

---

① Austen-Leigh，《回忆录》，第 18 页。

她们的舅舅提奥菲勒斯·雷也生活在这座古城，担任牛津大学巴利奥学院的院长，是该学院多则轶事的主人公。詹姆斯·奥斯丁也在这里；他像父亲一样在圣约翰学院求学。不过，对一位远离家庭，有生以来第一次深陷陌生的城市声响和气味的 7 岁女孩来说，这一切都不足以令她振奋开颜。考雷夫人一本正经，似乎不怎么能充任父母的替代者，与小女生们共处，好像也并不比在家里和兄弟们相处开心多少。如果说，简之前对卡桑德拉就很依恋，那现在在这个创办于中世纪的学校里，在“令人沮丧的教堂”和“灰扑扑的图书馆”中，她就更是黏着姐姐，依恋着她的安慰和陪伴了。①

1783 年的夏天天色阴沉，充满不祥的气氛。汉普夏郡赛耳彭村著名的《自然史》的作者吉尔伯特·怀特记下了这一年史无前例的闷热潮湿、黄蜂成灾和金银花朽败。更糟的是可怕的流星、暴风雨和在整个欧洲遮天蔽日数周之久的“浓雾”，“一种伟大的奇观，人类历史此前闻所未闻”。② 我们现在知道，这些可怕现象都是冰岛的斯佳普塔-约库尔火山大爆发所致，但是 1783 年在英国亲历这些事情的人普遍以为这是一场毁灭性的、神秘莫测的大灾难。

---

① 这些描述语引自《感伤索菲的来信》，本书第 2 章将对它展开讨论。此信收入《剑桥版简·奥斯丁作品大集：青春期》（The Cambridge Edition of the Works of Jane Austen: Juvenilia），Peter Sabor 主编（Cambridge，2006），第 361 页。

② Gilbert White，《塞耳彭村自然史》（The Natural History of Selborne），Richard Mabey 主编（Harmondsworth，1977），第265 页。

对简和卡桑德拉·奥斯丁来说，这个奇怪的夏天想必可怕至极，不过她们更害怕的是考雷夫人学校里暴发的流行病，她们因为这个，匆忙搬到南安普敦。

从牛津到南部沿海大港的旅行漫长、累人，但是，只要一到南安普敦（它以温和的空气和健康的海风闻名），女孩们就安全了。不过，也许这只是考雷夫人一厢情愿的计划罢了。事实上，很快这座城市就暴发了斑疹伤寒，在异常炎热的这个夏天，传染病以惊人速度流行开来。简和卡桑德拉都病得不轻，但是考雷夫人不顾她们的安危，决定继续独揽财权，不通知她们的父母。幸好，简·库伯传出了消息，收到她的信之后没几天，库伯夫人和奥斯丁夫人便匆忙赶到南安普敦，接回她们的孩子。直到秋天，简和卡桑德拉才在斯蒂文顿逐渐恢复了健康，但是库伯夫人在搭救她们时不幸染病，未能幸免于难。

尽管有着 1783 年的这些经历，奥斯丁夫妇两年后还是决定再把女儿们送去求学，这回去的地方位于雷丁，也就是今天的雷丁修道院女校。学校开在一个残破的修院中，据说经常闹鬼、骷髅乱窜，不过这里的生活似乎比简第一次贸然接受正式教育时有趣一些。在装着假腿的拉图奈尔夫人那种有点古怪，不过还是出自善意的引导下，简和卡桑德拉学习拼写和书法，掌握了一些法语和意大利语基础知识，也学会了其他一些女性技能，比如做针线活和画画。她们在学校图书馆还读到许多书，也在教室里遇到了各种各样的同学。在这里，她们得以不受家庭影响，自由自在地交友，学习女生们的交流方式，彼此忠诚、互相竞争、互相安慰、互相拥抱又彼此排斥。拉图奈尔夫人的学生们来自别的镇子和村子，谈论着姐妹俩不认识的家庭和家人，对于世界的理解与她们截然有别，对于未来的期望更与她们颇为不同。简·奥斯丁在雷丁只待了两年，在 11 岁时完成了正式教育，不过她的视野已得到了极大开拓。她把各种全新的、混杂的经验都存在脑海中，等待在她那丰富的想象中发酵、成熟。

第 2 章　早年的写作：1787—1792

简·奥斯丁的求学生涯为时不长，不过，教育并没有随着离开考雷夫人和拉图奈尔夫人而终止。正如伊丽莎白·班纳特对凯瑟琳·德·包儿夫人①解释的，即便没有课堂或者教室，那些"想学的人从来不缺办法"。在《傲慢与偏见》里，伊丽莎白睿智优雅的谈吐并非源自当时认为适合年轻女士们的那种正式教育，而是源自她在智识探索方面的自由——"我们总是被鼓励着多读书。"回家之后，简·奥斯丁也得以同样自由地探索父母和兄弟们的书籍，从家族的广泛阅读和高雅乐趣中获益。爱好诗歌和古典文学的詹姆斯，在 1792 年离家与安妮·马修联姻之前，尤其

①《傲慢与偏见》中的女主人公和女配角。——译注

大力鼓励妹妹发挥文学才华。詹姆斯不仅喜欢讨论文学，也是个写作爱好者。除了为家庭剧院撰写跋文，他还写挽歌和十四行诗，模仿着申斯通①和鲍尔斯②等当代诗人的风格，甚至仿照柯伯③的长诗《任务》，写了一首深沉的无韵诗。此外，詹姆斯在另一个与诗歌大相径庭的领域也是高手，那就是编写猜字谜游戏；他母亲喜欢喜剧，爱好猜谜，想必在此方面对他影响颇大。读者或许记得，《艾玛》中的埃尔顿先生就写过一则诗体字谜，这个情节或许就是以简·奥斯丁童年时代的经历为原型的。

詹姆斯的诗歌始终没机会发表，仅在奥斯丁家族成员中流传。不过，1789年，在弟弟亨利的帮助下，他终于以《闲逛者》这份报纸走向公众。这个标题显然是效仿着当时极其成功的文学期刊，约翰逊博士④的《悠闲者》，或者亨利·麦肯齐⑤的杂志《休闲者》。《闲逛者》在牛津出版，面向牛津读者，每周六出一期，延续了一年多时间，刊用的——正如主编在创刊号中许诺的——都是“道德演讲、

① 威廉·申斯通（1714—1763），英国诗人，也是一位景观园艺专家。——译注
② 威廉·李索·鲍尔斯（1762—1850），英国诗人，教士，文学评论家。——译注
③ 威廉·柯伯（1731—1800），英国诗人，赞美诗作者。他的代表作是无韵体长诗《任务》，该诗包括六章，分别探讨了宇宙人生、宗教政治等等问题。这首诗当时颇受欢迎，也影响了罗伯特·彭斯、柯勒律治、华兹华斯等许多诗人；简·奥斯丁显然也很喜欢它，在日后的小说中曾多次引用之。——译注
④ 塞缪尔·约翰逊（1709—1784），英国作家、文学评论家、诗人，《英语大辞典》主编。——译注
⑤ 1745—1831，苏格兰小说家、剧作家、诗人和杂志主编。——译注

文学评论和优雅的幽默”。

对13岁的简·奥斯丁来说，这份报纸也提供了一个机会，让她得以发表一些自己的作品。1789年3月28日的第9期上，詹姆斯刊用了一封某女士的来信，她抱怨《闲逛者》的男性偏向，并要求以后“既要刊登男性作者的作品，也要刊登女性作者的作品，而且最好有一些年轻人的作品”。[①] 这封信的署名是“感伤索菲”，作者身份虽然从来不曾得到确认，但大有可能主编本人的妹妹与之不无关系——实际上，很可能整封信都是她写的。信中戏谑的口气和对感伤品味的戏仿，都与简·奥斯丁保存下来的最初作品极其相似，信中还打趣地提出了动人的故事应有的标准，也与简·奥斯丁在《小说计划》中所说的如出一辙，后者出现在多年之后简·奥斯丁与摄政王子的图书馆长的通信中，系《艾玛》出版后，简·奥斯丁对后者的提问所做的回答。《闲逛者》刊登的这封信中，“感伤索菲”建议来点“好看的感人的故事，比如讲一对恋人的遭遇，他们在即将步入教堂时突然死掉”。这句话中的喜剧感，以及把陈腐的故事套路与不可思议的情节突变奇妙地结合起来的做法，正是小简·奥斯丁的特点；下面这些情节梗概也是一样：

---

①《青春期》，第362页。

> 让男方在决斗中被杀死，或者海上遇难而死，或者要是你乐意，也可以安排他开枪自杀；至于他的情人嘛，她必疯无疑；或者要是你愿意，也可以把女的弄死，让男的发疯；只要记住，不管你做什么，你的男主人公和女主人公都必须感情丰富，而且有着非常好听的名字。

就算这信不是简一个人写的，它的许多部分毫无疑问也都出自她的笔下。

“感伤索菲”的这封信之所以重要，不仅仅因为它是简·奥斯丁发表的第一篇作品，也因为它有个特别的主题。除了显然与当时关于女性教育和女孩们该读何种读物的论争有关，“感伤索菲”（这个名字除了用来嘲弄当时那些愚蠢的流行小说的女主人公之外，另有“智慧的意见”之含义）也是一个意味着斯蒂文顿之变化的标志。在《闲逛者》的男性化交流中插入的这个女性视角，生动地向我们揭示出，1780 年代奥斯丁家族已经有了悄然的不同：小一辈的孩子们开始发表意见了。十岁出头的简，已经明确意识到自己的女孩身份，以及与兄弟们截然有别的情感和期盼。她从詹姆斯和亨利的渊博知识、建议和鼓励中受益匪浅，不过她显然也知道，她有自己的想法，在文学方面尤其如此。此外，她还非常乐于表达这些想法。

简·奥斯丁早年的作品一直由家人密藏，在她去世之后也是如此，直到20世纪才以篇幅不长的三卷作品集形式出版。对于任何对她的创作过程有兴趣的读者，它们都可谓一个丰富的研究资源。写于1787年到1792年之间的这些作品，让我们得以看到她那种惊人的文学天赋的早期表现，此外，它们也有一个共同点：都是为了某位明确的目标读者而写。几乎所有故事、诗歌或短剧都是献给某位家人的礼物。《三姐妹》献给"爱德华·奥斯丁先生"，《拜访》献给"詹姆斯·奥斯丁牧师"，《美丽的卡桑德拉》献给"奥斯丁小姐"，《威廉·蒙塔古爵士》献给"查尔斯·约翰·奥斯丁先生"。这些作品中有一些是为特殊目的而写，比如《弗雷德里克和埃尔弗莱达》送给她的亲密朋友玛莎·劳合，以便"向你最近帮助我做完布斗篷的慷慨之举表示衷心感谢"，而两个小故事《杰克和爱丽丝》和《哈雷先生的冒险》都是写给弗兰克的，他出门在外，在"陛下的战舰'坚定'号上作为海军后补士官生"报效国家。[1]写作是一种表达爱和友谊的方式，虽然在这些故事里，这两者似乎不断遭到嘲讽和揶揄。《来自一位年轻女士的信，她的情感过于强烈，影响了她的判断，让她身不由己犯了一些错误，而她的心灵其实对它们并不赞同》中提到了安娜·帕克的忏悔，她很小的时候杀死了父亲，然后又杀死了母亲，最后她又下了个决心："现在我要杀死我姐姐"，

①《青春期》，第3，13页。

不过这并不意味着简的父母和卡桑德拉会不喜欢这个滑稽故事，它就是写来逗他们开心的。这则小型喜剧的要点就在于内容之荒谬，以及将熟悉突变为陌生的手法。它们对于读者也有要求，后者必须能读懂这里面的幽默所在。

每每，18 世纪文学那文雅内敛的语言会被出乎意料的举止甚至暴力所搅乱。比如，在《美丽的卡桑德拉》中，与真人同名的这位女主人公喜欢上了一顶妈妈正为某位伯爵夫人制作的非常漂亮的帽子。卡桑德拉戴上这顶帽子，出发去闯天下，对路上遇到的第一位年轻子爵行个屈膝礼，然后朝烘焙坊走去。这时，喜剧爆发了：

第四章

> 接着，她走到一家点心铺，连吞六块冰糕，拒绝付款，打昏了糕点师傅，大摇大摆离开。①

这短短的一章只有几十个字，但在这篇微型小说中，可谓效果惊人。开篇时还是对当代感伤小说的戏仿，此时突然引入了一个喧闹的暴力时刻，且以卓越的寥寥几语便交代完毕。年轻的作者极其敏锐地识别出当代写作和举止中得到认可的那些形式，又频频挑战着那些不可思议、荒谬不经之举的可能性。

---

①《青春期》，第 54 页。

在早期创作中，简·奥斯丁每每喜欢营造出一些小世界，它们的一大特点在于，百无禁忌，无所不可。在《亨利和伊莱扎》这则童话故事中，一个在干草堆里发现的婴儿揭开序幕，引出了一段辉煌浪漫的冒险，不过这些传统元素又因为简·奥斯丁作品中大量出现的那种别有特色的喜剧色彩而大为改观。伊莱扎发现自己被迫害者“伯爵夫人”囚禁在新门监狱[1]，不过，她的反应与其说是灰姑娘式的，毋宁说更像艾玛·伍德豪斯[2]：“伊莱扎一进地牢，第一个想法就是怎么逃出去。”[3] 她花了几个星期撬开囚室窗子上的栅栏，想到宝宝们落在监狱围墙下的斜坡上会摔伤，她又停了下来。作为一位智勇双全的女主角，她经过一些（相当迅速的）思考，做出了决定：“最后她决定，把她所有的衣服都丢下去，她有很多衣服，然后确保孩子们不会受伤了，就把他们抛到衣服上。”伊莱扎既是一位童话故事的女主角，也是一位在不可思议的危急关头能够做出合情合理决策的年轻女士。

除了这类奥斯丁想象出来的疯狂情节之外，这些欢快的故事大都充斥着我们熟悉的人性特点、双关妙语或者众所周知的地名。比如，克利福德先生出场后，紧接着就是对他的许多马车的罗列介绍（“我连它们的一半都记不全。

---

① 伦敦的一座著名的古老监狱。——译注

②《艾玛》的女主角，一位精神独立、颇有个性的小姐。——译注

③《青春期》，第 42 页。

我只记得他有一辆大马车，一辆双轮马车，一辆轻便马车，一辆豪华马车，一辆四轮敞篷马车，一辆单马双轮马车，一辆二轮轻马车，一辆意大利马车，一辆小马车，一辆双马双轮马车，还有一辆独轮马车。”）不过他接下来整整五个月时间都卧床不起，困在了距离奥斯丁在斯蒂文顿的家最近的“著名城市”欧弗顿，然后又由一位“同样著名的良医”治愈。[①] 在其余故事里，各种不同人物都从相应视角得到出色描绘，比如《弗雷德里克和埃尔弗莱达》中的左马驭者，他的“愚蠢程度简直惊人”，居然“毫无内疚也毫不羞愧地宣布，因为从来没有人告诉过他，所以他完全不知道该把车驾到这个城市的哪里去”。[②] 与奥斯丁成熟期的作品相比，这些早年的故事也许篇幅都不长，内容也颇为单调；不过，它们所反映出来的写作野心却毫不逊色。尽管叙述都很简短，有时似乎还有点跑题，但这些文字均由许多无一字多余的漂亮句子构成，处处表现出高超的观察力，因而，自有其夺目光彩。

奥斯丁的早年作品展现出一位少年写作者的自我探索之路，以及一位年轻读者从能够读到的各种作品中学习的激情。她对数量惊人的各种文体展开试验，对当代小说、

①《青春期》，第 51 页。
②《青春期》，第 8 页。

王政复辟时期[①]喜剧、轻喜剧、操作手册等等进行戏谑模仿，甚至还写了一部简短的英格兰史。在所有这些作品中，她都在与成熟作者们进行着对话，学习他们的范例，不过同时也大胆地对他们的做法和观点提出异议，并表达出自己极具特色的意见。她在哥德斯密的《英格兰史》中信笔写下的评论，堪称对于他笔下的英国历史充满想象力的生动点评：她对克里斯托佛·雷尔的命运大加哀叹，此人因为参与詹姆斯二世党人的活动而被施以绞刑、分尸——“可怜的人！唉可怜的人啊!”——她对于克伦威尔的德罗赫达城大屠杀的细节也有所感叹——“可恶的恶魔!”[②] 充满想象力的阅读正是充满想象力的写作的前奏，在她自己写的英国史中，叙述中同样充同情点评，比如对于伊丽莎白·伍德维尔[③]，她写道，“可怜的女人！之后，她被那位不公、贪婪的恶魔亨利七世囚禁在一座修道院中。”[④]

简把读到的东西都在想象中变得栩栩如生，不过，她一方面对于读到的人物每每流露出发自天然的同情，另一方面，她又充满了对于荒谬感、对于情感流露的可笑之处的敏锐意识。比如，在《弗雷德里克和埃尔弗莱达》中，

---

① 英国资产阶级革命后的20年里，英国政局动荡，战火连绵不断。以克伦威尔为代表的资产阶级极权统治未能平息统治阶层内部及统治阶级与劳动人民之间的矛盾。克伦威尔死后，斯图亚特王朝卷土重来，查理二世于1660年登上王位，这就是“王政复辟”（1660—1688）。这一时期的英语文学尤以喜剧闻名。——译注

②《青春期》，第343，323页。

③ 英国爱德华四世的王后（1437—1492）。——译注

④《青春期》，第178页。

当夏洛特回忆她那不幸的双重订婚导致的困境时，她的自杀投河之举被轻松地一语带过：“她漂到克兰克汉姆顿贝里，在那里被捞起来埋了。”奥斯丁甚至模仿当代墓志风格写了一段喜剧性悼文：

这里躺着我们一位友人
发誓要和两位郎君联姻
姑娘身材美妙脸蛋甜美
跃入波特兰大河把命丧

奥斯丁爱好尝试各种文学体裁，也着迷于玩味语言的喜剧潜质，所以，虽然天生富有同情心，但她绝不会陷入多愁善感的境地。这位为她笔下的田园诗女主角克洛伊选择了这样一首呼唤斯特里芬[①]来切鹌鹑的诗：“因为没准它会很硬，很硬，很硬，很硬……”的女孩，绝不会让她的妙笔沉溺在人云亦云的浪漫故事中。[②] 她给简·库伯送上的一份精致的头韵献词中，使用的署名是“您的喜剧表妹”——在早年的写作中，她不仅开拓着文学技巧，也已经尝试了解、归纳自己的特点了。

作为一位年轻的写作者，简·奥斯丁想要搞清楚自己究竟能写什么。作为一个大家庭中最年幼的成员之一，她

① 西方田园爱情诗中常用的一对情人形象。——译注
②《青春期》，第220页。

也想向所有人展示她的发现。逗人发笑是一种争取读者的方式。虽然她的微型小说经常都是写给最亲密的友人和最热心的读者卡桑德拉的，不过她也写了很多其他早期作品，它们除了想逗人开心之外，也意在打动对方。这方面最重要的作品之一，《爱和友谊》，一部题献给表姐伊莱扎的小说，想必是耗费了相当的心力写作而成。仿佛为了跨越年轻的写作者和她的女保护人之间的年龄之差（后者此时已接近30岁），这则简短的书信体故事开始时，女主人公已经55岁，而她年轻的通信对象认为她这时终于安全了，“摆脱了不合心意的情人们的死缠烂打，和固执父辈们的残忍迫害”。55岁的劳拉并不怎么认同自己的冒险时光已经结束这种说法，不过还是同意向对方介绍迄今为止的人生经历，双方展开了一系列通信，它们非常精确地戏仿出当时的感伤文学的所有陈词滥调。

早期作品中有一些是写给简的父母的。在《秘密》里，她谦逊地请求父亲的赞助，其献词虽是戏仿性的，却依然表现出孩子祈求父母赞同的愿望。作为最小的女儿，简或许得颇费努力才能博得忙碌的父母的关注，因此，发现自己拥有撰写有趣故事的才华，想必她是非常开心的。她比哥哥们年幼，所受教育也有限，因为这个年代普遍的观点认为，她这个阶层的女性只需结婚生子即可，不必追寻什么学术或事业。但是简·奥斯丁凭借天赋才华和坚定意志，小小年纪就超越了不乏文学才能的哥哥们。父母非常明智，并未对她加以限制，而是鼓励她发挥这种才华，因此她的早期作品献词中，除了对当代文学风尚的戏谑之外，自然也流露出真诚的感激之情。

简·奥斯丁在早年的尝试中便发现了写作的无限可能，同时也流露出对于“有限的选择性”的清醒认识。她幸存下来的那些早年作品，大都是对于当代文学形式的小型模仿，比如《艾美利亚·韦伯斯特》即为对当时流行的书信体小说的模仿之作。这个故事里，奥斯丁介绍了三对情侣，并在这些角色和两位不知身份的观察者汤姆和杰克之间的七封短短通信中，讲完了他们的成婚过程。《埃德加和艾玛》是一篇比较重要的第三人称小说，描述了戈德弗雷爵士和马洛夫人离开两年之后重返家中，以及这件事对于他们的女儿艾玛的深刻影响，后者正悄悄爱慕着埃德加·威尔莫。艾玛发现，在所有那些威尔莫家的孩子们当中（足足有二十多位），偏偏是埃德加要出门上大学，这令她悲伤不已：“她一直设法按捺住情绪，直到威尔莫一家离开，这才再也忍不住悲伤。她躲进自己的房间，让悲伤尽情流露，痛哭不已，直到过完余生。”尽管这个故事同样不乏出色的喜剧色彩，它还是提供了有别于《艾美利亚·韦伯斯特》的大团圆结尾的另一种结局。12 岁时，简·奥斯丁已经注意到，一位年轻女士的故事似乎只有两种可能的结果——要么结婚，要么悲伤地孤独终老。这些故事表明，她对于叙述手法已经拥有了初步的、非常自信的掌控力，同时她也已经清醒地认识到社会给予女性（不管其天赋如何）的选择总是极其有限这一事实。

在1792年之前，她的作品已经拥有了稳定的喜剧色彩，不过她在写作中，也对人类的处境和前景日益关注。比如，在《凯瑟琳》中，感伤的女主人公到心爱的凉亭中寻找慰藉，这既是一个戏仿当代文学传统的重要情节，也提供了一个空间，让女主人公得以对当初帮助营造凉亭的人——维恩纳姐妹——的命运展开严肃思考。凯瑟琳的这两位密友失去了父母，因此也失去了家庭和经济保障，其中一位现在“嫁得很好，但不开心”，另一位“也好不到哪去”，被雇用充任一位贵族遗孀的女儿们的女伴。[①] 这个故事一开头就将两位年轻女士置于不幸的人生中，同样也让失去亲人的凯瑟琳显得前途莫测，因为她本人的未来取决于姑妈和邻居是否会发善心来帮忙。作者对于人类命运之变幻无常的准确把握，以及尤其是对年轻女士的生存处境的理解，使这部未完成之作已经相当背离了早期故事里那种无尽的自由感。16岁的简 · 奥斯丁不仅留意了小说的叙述技巧，也关注到真实世界里痴男怨女们那些一言难尽的坎坷。

随着爱德华和詹姆斯先后成婚，建立各自的家庭，更年幼些的孩子们也开始面临寻找合适伴侣的压力。就在

①《青春期》，244页。

简·奥斯丁想象着凉亭中的凯瑟琳的未来时，表姐简·库伯已经投入一场浪漫感情的漩涡，嫁给一位英俊的海军上校。法国爆发革命，紧接着在 2 月对英国宣战，亨利立刻到牛津郡国民卫队报名参军。查尔斯已在朴次茅斯的皇家海军学校就读，很快就将尾随弗兰克进入真正的海上服役。17 岁的简·奥斯丁感觉到威胁：终于，她要单独留在一幢大房子里，陪伴日益年迈的父母；而她无法完全驱散这种威胁。

第 3 章　通信的真正艺术：1793—1797

凯瑟琳·莫兰告诉蒂尔尼先生，“在乡下，今天与明天毫无差别”的时候，她其实道出的是一位直到 17 岁都生活在“一座小小的寂静村庄”里，现在却突然跻身于热闹喧腾的名城巴斯的年轻女士的真实感受。1797 年，21 岁的简·奥斯丁第一次来到这个时髦的温泉胜地。在拥挤的礼堂和热闹的街头被推来搡去时的畏惧和激动心情，悉数被写进她一回到斯蒂文顿就动笔创作的一部小说。不过，与凯瑟琳不同，简·奥斯丁意识到，巴斯尽管魅力非凡，乡村生活倒也自有乐趣。偏远小村和优雅城镇虽然大相径庭，却各有妙处。《诺桑觉寺》展示出的是，在 1790 年代末期，简·奥斯丁已经可以在一部小说中对这两种场景都加以轻松驾驭，而且也掌握了足够技巧，能够让截然不同的人物纷纷发声，各显其妙。十年之中，她的写作已经出现了飞跃。这一时期的作品在她在世时都不曾发表，但对于无论是作为写作者还是作为一位女士的简·奥斯丁而言，它们都堪称见证、展示出了她个人发展史中的一个重要阶段。

巴斯的都市风光，1806 年约翰·克劳德·那蒂斯绘制

在凯瑟琳·莫兰眼中，也许抵达巴斯之前的生活全都不值一提，不过简·奥斯丁在斯蒂文顿的人生却是波澜起伏、事件迭出的。战争爆发后，亨利·奥斯丁变成了一位身穿红色制服、身材高大的海军上尉，随时面临着死亡的威胁。更令人揪心的在于，他不满足于仅仅参加民兵组织，而是一心打算加入正式军队、建功立业。而起先，他虽说只是民兵，却也迅速被派遣到南安普顿，去抵御一场不折不扣的法国进攻。汉普夏郡坐落在英国南岸，朴次茅斯和南安普顿的几个重要海军军港都在这里。眼下，它正位于前线地带，随时有可能遭到进攻：如果法国革命军胜利，

那么斯蒂文顿附近地区将成为最先落入敌手的国土之一。恐慌的气氛并非仅仅源自报纸对于远处战况的报道。1794年夏天，简的表姐伊莱扎再度来到教区长宅邸。她在法国亲眼看见了那些可怕的事件，幸运的是，她及时逃脱了险境。她抵达加来时身怀六甲，在那里分娩，婴儿几乎立刻夭折。接着她逃到海峡对岸。除了颠沛磨难、身体不适，她还不得不忍受对于不幸的丈夫接受审判的回忆：他们家的佣人揭发了他，把他送上了断头台。伊莱扎在印度长大，走过半个世界，但是一旦爆发革命，一个熟悉的欧洲国家竟然横生这种血腥动荡，依然令她惊慌失措、丧魂落魄。

如果说，伊莱扎在1790年代经历的是这个时代的重大历史事件，那么同一时期，简·奥斯丁家族的其他成员也遇到了一些变化，虽然并不是什么大事，但对个人来说也算得上头等重要。爱德华和詹姆斯先后成婚，一年后他们的女儿范尼和安娜便出生了，简和卡桑德拉因此拥有了新头衔——姑妈。詹姆斯和妻女搬到距离斯蒂文顿1英里处的迪恩尼教区长宅邸，在那里詹姆斯成了一位助理牧师，由他父亲领导。不过，小安娜可能对自己的妈妈永远不会有什么回忆了——詹姆斯的夫人安娜在1795年5月突然去世。过了不到两年，他再婚娶了玛丽·劳合，后者似乎并不怎么胜任当他女儿的继母，不过很快生了儿子，令詹姆斯的名字和血脉得以延续。就在詹姆斯筹划着第二次结婚的同时，伊莱扎也决定改变自己的寡妇身份，嫁给长期以来的仰慕者亨利·奥斯丁，他已足够成熟，足以充任一位合格的伴侣，而且他乐观积极，正是帮助她重拾希望和幸福的上佳人选。

简·奥斯丁的哥哥亨利·奥斯丁

卡桑德拉似乎也即将逃脱自己作为姐姐、女儿和姑妈的身份了，她与教区长宅邸从前的寄宿生托马斯·法尔订了婚，后者现在已成了一位牧师，前程有望。简为姐姐的幸福感到欣慰的同时，自然也因为将要永远地与她分开而隐隐有点沮丧。不过，突然传来消息，法尔要到海外待好几个月，婚礼未能早早举行，于是简转而又真正地同情起卡桑德拉来了。法尔的叔叔克拉文勋爵请他担任船上的随军牧师，一道展开穿越大西洋之旅，法尔同意了。奥斯丁家已有弗兰克和查尔斯参加海军，他们非常清楚漫长的航海旅行有多么危险艰辛，也深知随时会有撞上敌舰的危险。不过，到头来，汤姆倒不是死在法国人手中，而是因为高烧于1798年在圣多明各去世，永远没能和卡桑德拉举行婚礼。

家里和海外的这些变故，想必对所有人都产生了影响。不过，在这个动荡的1790年代，简·奥斯丁又在做些什么呢？她似乎大多数时间都在跳舞。“我想我可以一跳就是一

少女时代的简 · 奥斯丁，卡桑德拉绘制，约 1873 年

整个星期，就像只跳了半小时一样，”她在 1798 年圣诞节前夜，如此记下前一夜和之前这十年中大多数时候的心情。[①] 直到 1796 年，现代读者们才得以真正看到年轻的简 · 奥斯丁以自己的声音对着她最亲密的亲人说话的模样。她给卡桑德拉的信函中保存下来的最早一封，正是这年 1 月某个周末在斯蒂文顿写的，此时简 20 岁，姐姐去了金特伯里，在法尔的家里和未婚夫一起庆祝她的 23 岁生日，此地距离纽伯利的集市不远。简的生日贺信轻松愉快，和以前写给卡桑德拉的那些故事差不多，她祝愿姐姐“再活上 23 年”[②]，然后很快转移到真正有趣的部分：对于昨夜舞会的一段描述。她详细介绍了舞会的各位来宾，并且调皮地

①《简 · 奥斯丁通信》，第 31 页。
②《简 · 奥斯丁通信》，第 1 页。

承认，“我几乎不敢告诉你我和我的爱尔兰朋友都干了些什么。”这些细节报告采取的是她后来在小说叙述中常用的含蓄笔法，也与后者一样，鼓励着读者大胆想象：“你自己想象一下吧，反正就是最放肆大胆地跳舞，然后还紧挨着坐呢。”不管在金特伯里有多开心，卡桑德拉想必都被撩拨着，愈发好奇妹妹和她那位“爱尔兰朋友”汤姆·勒弗罗伊是怎样度过舞会之夜的了。

简的这位汤姆来自爱尔兰，圣诞节时到斯蒂文顿和迪恩尼附近的村庄艾施走亲戚。简非常喜欢勒弗罗伊夫人，恰好又在舞会上邂逅勒弗罗伊夫人的这位侄儿，两人仅仅见了三面，却相处甚欢。她知道他很快要离开（“那样一来我们接下来就没啥盼头了，只有等待库伯夫妇星期二到来”），将他描述为一位“非常有绅士风度、好看、讨人喜欢的年轻人”，而且在信的结尾处承认，他“只有一个缺点……他的晨间礼服颜色太浅了”。① 这个细节实际上是为了将汤姆·勒弗罗伊与亨利·菲尔丁②小说中那位冲动、充满魅力但又极其危险的主人公做比较（“他是汤姆·琼斯的大粉丝。”），并向卡桑德拉略微透露出他们那些放肆大胆的谈话所引发的激动之情。

五天后，她又写信提到“我将要最后一次和汤姆·勒

---

①《简·奥斯丁通信》，第 2 页。

② 1707—1754，18 世纪杰出的英国小说家，戏剧家，被沃尔特·司各特称为“英国小说之父”，代表作《弃儿汤姆·琼斯史》。——译注

弗罗伊调情”，并且补充道：“一边写，想着这件忧伤的事情，我一边就掉下了眼泪”。[1] 她的用语让人想到她的早期戏仿之作中的那些多愁善感的女主角们，也表明了，她也擅长用这种夸张的表达来形容自己的情感。如果卡桑德拉因为这种语气而一时担心起来，那么紧接着的下一句又宣布道，威廉·楚特昨日来访。简·奥斯丁经典的喜剧色彩跃然纸上：“我真好奇他这样彬彬有礼是为了啥。”这不大像是一位心碎女孩的信，不过确实强烈地传达出一位热爱生活、发现了自己的爱欲情感，意识到自己即将在成人世界展开漫游的年轻女士的心情。

20 岁到 30 岁之间，简·奥斯丁的信中都充满了关于舞会和舞会礼服的消息。虽然她只在她们分开时才给卡桑德拉写信，而且一部分通信已经逸失，不过幸存下来的信函足以让我们生动体会到简·奥斯丁作为一位年轻女子的生活和思想。“通信的真正艺术，”她在 1801 年 1 月 3 日写道，在于“在纸上准确地记下你用嘴想对那个人说的话”。[2] 因此，阅读她写给卡桑德拉的信，实际上给了我们一种特权般的感觉，仿佛正在偷听她俩的私聊。她们关系亲密，意味着简可以自由自在地、以她知道对方会善意解读并领悟的方式来表达情感。1798 年一次圣诞舞会之后，她沉浸在幸福的回忆中，因为整个晚上所有 20 支舞她都跳

---

①《简·奥斯丁通信》，第 4 页。
②《简·奥斯丁通信》，第 71 页。

到了："勒弗罗伊夫人公开赞赏了我的黑色小帽，而且我猜想屋里所有人虽然没说出口，其实都觉得它不错。"仅仅两星期之后，形势变得远没有那么美好了："我真觉得没人想要我了——大家都不邀请我，除非没别的选择。"① 不过，个人的失望意味着营造喜剧的可能，因此那位非常英俊、显然乐于见到她的军官，在信中被伶牙俐齿地打趣了一番："既然他没有急切到愿意不费麻烦来提出它，所以我们也得绝口不提它。"语调是兴高采烈的，即便应对的是社交雷区中最为微妙的一件事。在她和汤姆·勒弗罗伊调情之后大约过了三年，1798 年 11 月，汤姆·勒弗罗伊再度到姑妈家做客，却没有过来拜访，令她颇为失望，不过她在信中提到此事时，并未透露出什么痛苦之情，而是转而又以经典的聪慧洞见研究起了玛丽（她没准会很乐意"甩掉她的风湿病和娃儿们"）和波特曼夫人（"在多赛特郡不怎么受欢迎；这个世界挺善良的，一如既往地过度吹捧了她的美貌，以至于这里所有人都愉快地感到了失望。"）② 这并不是说，简·奥斯丁是个没心没肺的人，只不过她写信时最喜欢的形式，正如写别的文体时一样，始终还是喜剧。

尽管从私人通信中可以察觉到一些她在 1790 年代的情感波动，不过幸存下来的这些信件也充斥着对于新鲜事儿

①《简·奥斯丁通信》，第 31 页，第 36 页。
②《简·奥斯丁通信》，第 20 页。

的激动、对人性的洞悉、打情骂俏的交谈，以及对于更为美好的邂逅的期待，它们展示出一位乐于与人分享经历和看法的年轻女子的形象。不过，她写作的目的主要是为了取悦一位与她非常亲密的读者。比如，1796 年 8 月，她来到伦敦，立刻就找来纸笔，用熟悉的戏仿语调，表达她对这个大城市毫不掩饰的喜爱之情："在这里，我又进入了邪恶与堕落之境，感觉我的美德已经遭到腐蚀啦。"[1] 三年后，她到巴斯旅行，在给卡桑德拉写去的信里，也流露出同样的激动心情，不过这次又多了一些对遇到的各色人等的睿智点评，比如豪尔医生，他"陷于如此深沉的哀悼之情，想必是他母亲、他夫人，或者他本人去世了"。[2] 在这类点评中，貌似的毫无怜悯，其实是意在强调对于某位对她来说比豪尔医生更重要的人儿的一往情深，而且后者也想必能从这些句子的语气中立即读懂这层意思。简 · 奥斯丁对死亡和疾病的评论通常都是非常精炼的，仿佛想要特地强调出，人类暴露出其最脆弱一面时的那种喜剧性荒谬感。

她想逗卡桑德拉开心——正如卡桑德拉的回信也同样让她愉快。我们已经无法看到卡桑德拉那头写来的信了，不过简的信里多处引用对方信中的内容，证明后者是她的一个巨大的乐趣之源：我"此刻读着你这封来信，忍不住

---

①《简 · 奥斯丁通信》，第 5 页。
②《简 · 奥斯丁通信》，第 41 页。

哈哈大笑”。1796年9月1日，她写道，“我差点笑死了啊，按照她们过去在学校里常用的说法。”卡桑德拉的那些出色来信树立了很高的标准，简回信时称她为“当今最出色的喜剧作者”——让人联想起她早期写作中那些夸张的赞美献词，不过也透露出了简自己的判断标准和努力目标。①

偶尔地，这些信里也会写到焦虑，比如1796年9月18日，从爱德华在肯特郡的罗林宅邸寄出的这封。它开头便承认这天早上在“狐疑和焦虑”中度过，这句话的结尾还加上了一则少见却真诚的道歉：“我写得真糟，我开始恨我自己了。”信中，她为自己怎样才能回到斯蒂文顿的家里而担忧不已，为此原本也许想写点逗乐之语的计划都被打乱了，勉强开的一个玩笑，所谓落到“某个胖女人手里，她会给我灌点淡啤酒”，显得几乎令人不适。这样的信深刻揭示出了简·奥斯丁完全依赖亲戚过活、毫无自由可言的处境。通常来说，她的写作打开了一个世界，在其中她掌控一切，不过在这封信中，她因为形势所迫，压力重重，无法做出任何决定，以至于连一贯流畅的写作风格都难以维持了。

简·奥斯丁在青年时代花了大量时间琢磨衣着打扮，享受各种晚会，不过写作依然是她寻求存在感和保持身心健康的重要手段。她幸存下来的早期小说中的第一部，表

①《简·奥斯丁通信》，第5页。

明了她在1790年代为自己的创造性写作付出的心血，以及持续不断的实验精神。《苏珊夫人》是一部重要的过渡性作品，既保留了早年作品那些荒诞无稽的特点，又呈现出成熟期作品的力量。它的目的是要让读者震惊——只要看看它历年来收获的各种评论，我们就可以知道，它在这方面可谓成功至极。尽管形式上是书信体，不过《苏珊夫人》中那些虚拟的通信与简写给卡桑德拉的可是截然不同：写信者颇费心机，针对不同的读信人，在信中精心粉饰着自己的各种形象。比如，小说开始，苏珊夫人写信主动提出去妹夫家做客时，俨然一副礼貌端庄的口气；不过对她的崇拜者雷金纳德，她则换上一副义愤填膺的嘴脸。只有约翰逊夫人得以读到她这位朋友对所有人的精心算计，不过苏珊夫人即便写这些信，似乎也主要是为了在这位混得不如自己的女士面前出风头而已。

苏珊夫人开场时写给维尔农先生的信，以及随后寄给约翰逊夫人的信中，对女儿弗蕾德里卡截然不同的形容——“她是个蠢姑娘/她无所不知”[1] ——便立刻彰显出这部作品的特点。简 · 奥斯丁沉浸于语言的各种可能性，证明了词语既可用于欺骗，也可揭示真相。苏珊夫人是一位出色的写作者，深知出色的叙述的力量：“我知道我的故事可以讲得和她一样好。如果我有什么长处可言的话，那

---

①《苏珊夫人》（Lady Susan），《简 · 奥斯丁作品大全：第六卷，次要作品》R. W. Chapman主编，B. C. Southam修订（Oxford，1969），第252页。

就是能言善辩了。”尽管许多读者认为她是一位毫无道德的怪物，其实一定程度上，她也是这样一位年轻女士的幻想产物：这位年轻女士本人在生活中并没有什么真正的选择可言，唯一的所谓个人自主权，仅仅表现在她作为写作者的想象和技巧中。苏珊夫人的“统治欲望”和对于“集万千宠爱于一身”的热爱，固然遭到了维尔农夫人的鄙视，却也反映出小说背后的作者本人的一些真实心迹，后者似乎正用自己的小说来展开对复杂的人类心理和人际关系的探索。就这一点而言，尽管芳华已逝，却足以调动遇到的所有男人的欲望，而且掌控世界的主要方式就是靠语言，这样一位女子的魅力，估计并非仅仅她那些小说中的追求者才能欣赏。同时，这些信中经常展示出的对苏珊夫人的厌恶之情，又表明作者敏锐地意识到能言善辩总是难免让人不喜，而一位有智慧的女子又是多么容易遭人憎恨，她会被视为狡猾、没有母性或者卖弄风骚。苏珊夫人同时既迷人又让人厌恶，而选择书信体的形式，则让各种彼此冲突的反应得以同时登场。

《苏珊夫人》这部讽刺喜剧看起来已经没有简·奥斯丁更早时候的作品那样夸张古怪了，因为这里的人物都更为完整，形势也更具现实性。不过这部小说依然充满与此前类似的笑料。苏珊夫人因为被迫去访问“那个让人难以忍受的乡下地儿”而闷闷不乐，这个细节显然是特意写来逗奥斯丁家的人开心的，正如她的另一句妙语“我还从没发现有哪个姐妹的建议真能阻拦一位年轻绅士爱上自己想爱的人”一样。此外，在苏珊夫人对约翰逊夫人关于如何管束丈夫的建议里，我们也可以读到简·奥斯丁喜爱的那种精炼有力的表达：“他那么固执，骗他是必须的。”不过，与幽默如影随形的，是一种对于人类行为和社会准则的更为严肃的思考。这部小说给简·奥斯丁提供了一个机会，得以写出她对于当时的女性教育观的绝望之情：苏珊夫人打发女儿去一所时髦的寄宿学校，尽管她其实相信“掌握了法语、意大利语、德语、音乐、歌唱、画画等等，固然能给一位女士赢得一些掌声，却不会让她增加一个情人”。做母亲的花费甚多，弗蕾德里卡却从学校绝望地逃跑，并旋即表明她喜爱独立阅读，这个情节其实不只是一则笑料。它表明了简·奥斯丁对于这一事实的不满：女孩们出生似乎就是为了为婚姻市场做准备，她们被说一不二的成年人们说服着放弃了独立行动的能力，后者实际上把这些女孩变成了家中的囚禁者。弗蕾德里卡的故事在某种程度上是向塞缪尔·理查逊的伟大书信体小说的喜剧性致敬，不过它也暗示出，简·奥斯丁的早期小说已从戏仿之作发展到尝试着挖掘新的心理深度，以及对真实的人类困境展开探索。

对弗蕾德里卡的同情逐渐加深，以至于威胁到了苏珊夫人对小说的掌控，这在简·奥斯丁的文学进程中是一个上佳迹象。尽管奥斯丁为小说中那位年长女士的喜剧潜力所吸引，但毕竟她本人仅仅二十出头，想象力更容易转向同龄人面临的可能性和困难。果然，她的注意力从苏珊夫人又挪向了两部新小说中全新的、更年轻的主人公们，这两部作品经过修订，最终将以《理智和情感》和《傲慢与偏见》为名出版。遗憾的是，她在 1790 年代写这些作品时的手稿没有保留下来，因此我们只能自行估测《埃莉诺和玛丽安妮》和《第一印象》这两部小说的早期风貌了。很有可能这两部作品至少部分上是书信体的，就像《苏珊夫人》一样，而且出现在《理智和情感》和《傲慢与偏见》中的部分信件，想必也是从早期草稿中延续而来的。简·奥斯丁后来采用的核心情节——年轻女性在寻找夫君的过程中，因为不可靠的男人、专横的亲戚和社会偏见而遭到的挫折——也可以在它们的作者本人在 1790 年代的生活经历中找到明显的根源。不过，除了这些之外，我们便没有其他证据来下任何别的断言了。

不过，有一个明了的事实，那就是简的写作始终为她的家人所尊重。多年后，她的侄女安娜在一则轶事中，记录了奥斯丁的家人们当年听到后来将会成为《傲慢与偏见》的那则故事时的反应；尽管考虑到安娜当时的年纪，她不大可能真听懂了它，不过这段回忆还是表明了安娜那些年长的亲人们是多么喜欢简姑妈写的这个故事。① 简·奥斯

① Anna Lefroy，《回忆简姑妈》（Recollections of Aunt Jane），Austen-Leigh，《回忆录》，第 158 页。

丁 19 岁生日那天，乔治 · 奥斯丁做出了一个富有象征意味的举动来支持她的写作：送给她一张写字台，不过，到了 1797 年 9 月，他已经准备好做出更加公开的支持了：他决定把《第一印象》送到当时伦敦著名的出版社——加德尔和戴维斯出版社。结果，送去的手稿被邮件退回。简也许因此深感失望，不过乔治 · 奥斯丁的信中关于出版这部作品的念头本身，以及其中流露出的父母对她的信心，想必也能为她带来一定的安慰。这位天赋才华的年轻女士要变成一位作品得以公开出版的作家，似乎只是一个时间问题了。

第 4 章　巴斯：1798—1804

“好啦，我们到巴斯啦。”① 1799 年 5 月，简・奥斯丁在给卡桑德拉的信里写道。这是一次为期六周的访问，尽管天气不佳，母亲又生了病，不过简还是兴致勃勃。她以前到过巴斯，对那些时髦地方和优雅街道——西德尼花园、百利宫、女王阅兵大街——都熟悉至极、充满向往。接下来的几个星期，她相信母亲有望很快痊愈，得以心情愉快地向卡桑德拉详尽描述起最新流行的头饰细节，以及她们的社交圈子里的最新成员。不过，18 个月之后，她对巴斯的态度发生了彻底改变。它不再是她想象中那个炫目的白色城市，充满令人激动的陌生人和异国情调的服饰，没完

① 《简・奥斯丁通信》，第 41 页。

没了的剧院、商铺和公共大厅了。世事难料，此时的巴斯，充任起了一个永远辞别旧居、成员衰减的人家的落脚之地。

巴斯的大教堂，1806 年约翰 · 克劳德 · 那蒂斯绘制

1800 年，乔治 · 奥斯丁宣布，他打算从斯蒂文顿教区牧师位置上退休，转而到巴斯安家。简作为未出嫁的女儿，当然会和父母一起搬过去，因此，新年之际，她已开始做准备，要离开她出生、长大于斯，住了整整 25 年的旧居。家族回忆录一致认为，从心爱的汉普夏郡搬到巴斯，在简 · 奥斯丁而言，堪称一场巨大的人生劫难。不过，正如一如既往的惯例，在这件事上她究竟心情如何，并没有什么发自她本人的记录可以佐证。她 1801 年 1 月写的信里，全都是对于巴斯不同地区生活成本实事求是的讨论，只字未提对斯蒂文顿的眷恋。不过，她对卡桑德拉承认，“对于搬家这事，我已经越来越能接受了。”这也许意味着，搬到

异地，对她而言确实未必是一件开心之事。[①] 这在一个分外敏感的女子而言，并不令人吃惊。她此前的整个人生都是围绕着一幢乡村牧师宅邸展开的，它为美丽的群山环绕，周围树木茂密，遍布着弯弯曲曲的小路，路旁是高大的树篱，树枝在小路上方形成拱顶。令人激动的旅游胜地巴斯自然也是一个美丽的去处，但从此在那里安家，则完全是另一回事。

斯蒂文顿教区长宅邸，简·奥斯丁在此度过童年和青少年时代

简对卡桑德拉解释自己是如何设法逐渐接受搬家计划的，透露出决意在灾难中寻找一点乐观视角的努力："我们

① 《简·奥斯丁通信》，第71页。

在这一带已经住得够久，贝辛斯托克[①]的舞会显然日渐萧条，搬家这件事自有令人激动之处，而且将来夏天可以在海边或者威尔士过，想来也是挺不错的。”[②] 如此飞速地提出的一系列观点，似乎一个比一个更没有说服力。正如埃莉诺·达施伍德劝说心慌意乱的妹妹忍住伤痛、振作起来，简·奥斯丁也在努力说服自己去面对无法回避的未来。在信中，她进一步宣称，离开斯蒂文顿并非什么重大牺牲，而且她希望“对于我们将要抛到身后之物，不要激发出什么柔情，也不要产生任何兴趣”。日后，她笔下的安妮·埃利奥特[③]在最为自责的时刻得出的教训，与此几乎如出一辙。

不过，不管离开汉普夏郡引发了怎样的痛苦之情，巴斯总归意味着翻开新篇章的希望。城镇生活固然喧闹不宁，倒也意味着可以遇见更多的人。茫茫人海中，没准终于会冒出几位可以充任朋友甚至丈夫的人。简·奥斯丁已近三十，结婚压力日益增大，也许在巴斯的舞会里，如意郎君终会露面？1799 年，汤姆·勒弗罗伊与一位爱尔兰女继承人的婚讯传来，如果说简·奥斯丁对于此君曾经抱有几分残念，如今这想法也只有烟消云散了。她的信函中提到过的另外几位男士也都要么找到新舞伴，要么搬走，或者干

---

① 汉普夏郡东北部小镇。——译注
②《简·奥斯丁通信》，第 71 页。
③《劝导》女主人公，性情内向，经常陷入忧郁。——译注

脆就是不再让她感兴趣了。那么，巴斯或许该有几分希望吧？退一步说，即便她和卡桑德拉注定一辈子单身，彻底换个环境、换个活法，也总能给她的写作带来一点重大刺激吧。

1797 年，她首次拜访巴斯之后，一番全新的想象点燃了灵感。《诺桑觉寺》中那些初到巴斯的兴奋激动之情，应当就是直接取材于她本人的经历："他们到达了巴斯。凯瑟琳兴高采烈——他们渐渐靠近它那精美迷人的周遭，然后驱车沿大道赶路，来到旅馆，一路上她的目光到处流连。她来这里就是求快活的，而且她已经觉得非常快活了。"正如简·奥斯丁非常清楚的，去巴斯玩，这件事光想一想便能让人兴奋不已。不过，城市生活的快乐也可能显得肤浅、造作，就像它的居民们一样。1801 年和 1802 年，简·奥斯丁为了出版而修订《诺桑觉寺》时，对于巴斯的看法似乎已有了巨大转变。

这部作品虽然没有什么手稿存留下来，让我们可以搞清各个段落的写作时期，不过很有可能的是，论及巴斯那些不那么令人满意之处的段落，并非在最初的创作激情中便涌现而出，而是在后来的修订过程中添加的。小说中就巴斯的魅力展开了一段对话，新来者对于城里的一切都兴致勃勃，此地的长期访客却流露出厌倦之情。凯瑟琳欢呼道，"哟！谁会厌烦巴斯呢？"——蒂尔尼先生则审慎地答道，"我承认，待上六周的话，巴斯是不错的；但是待得再久一点，它就会变成世界上最让人厌烦的地方啦。”这两种观点都有片面之嫌，不过凑到一起，它们也许就反映出了简·奥斯丁日益增强的技能：以第一手观察结果来拓宽传统的文学主题。就在威廉·布莱克创作他的《天真与经验之歌》[①] 的同一个十年里，简·奥斯丁也在探索自己的生活和文学写作当中的那些彼此对立的关系。

如果说，在十几岁时，简·奥斯丁像凯瑟琳·莫兰一样，一心“准备充任故事的女主角”，那么现在也许她正渐渐意识到，对她来说，更适合是作者一角。《诺桑觉寺》中的叙述，虽然满怀同情，却乐于强调讲故事者和主人公的观点之间的不同。对于凯瑟琳·莫兰在 17 岁之前人生的简略介绍，让我们开始熟悉简·奥斯丁使用的全知全能叙述者的那种亲切、揶揄的说话风格，不过并没有让我们与女主人公本人展开直接交流。我们或许直到第二章中间部分，才终于听到凯瑟琳的声音：她在拥挤的茶室里，对艾伦夫人低语道，“在这里连一个认识的人也没有，多让人尴尬哟。”女主人公本人的语言，与为了让读者们为她的出场做好准备而使用的那种极其老练的文字之间，真可谓有天壤之别；小说一方面不断聚焦于凯瑟琳的内心戏，一方面又从头至尾以叙述者那种睿智纯熟的点评来维持读者的兴趣。

---

① 1757—1827，英国著名浪漫主义诗人、版画家，在《天真与经验之歌》等作品中，探讨了一系列彼此对立对称的概念。——译注

对于凯瑟琳作为女主人公的地位开的玩笑，是简·奥斯丁早期作品中的戏仿式主人公的自然发展结果。她在十来岁时的写作中，便展示出对常规文学手法展开大胆试验的勃勃兴趣，这种兴趣在《诺桑觉寺》中得到了进一步发挥。这部小说比早期的《美丽的卡桑德拉》或者《亨利和伊莱扎》厚重得多，一方面，它借讲故事来探讨文学问题，另一方面，故事本身又充满分外令人满足的种种元素：令人信服的场景、精明的观察、对角色们的想象性介入，以及合情合理的情节。它的作者在写《苏珊夫人》时，已在相当程度上掌握了各种角色的发展方法，以及借助信件来传达他们之间彼此悬殊的观点的做法，不过这些相比于她在《诺桑觉寺》中的成就，都只能说是小巫见大巫了。《苏珊夫人》和《诺桑觉寺》之间最为显著的区别之一在于形式。《诺桑觉寺》中，莫兰夫人在小说开头与女儿告别时，叙述者注意到，“她既没有坚持要凯瑟琳一有机会就写信来，也不曾要求她保证每认识一个新朋友都要一一报告详情，也没有命令她把在巴斯听到的所有有趣的谈话都如实写下来报告……真是不可思议啊。”事实上，简·奥斯丁在打发女主人公展开冒险的同时，也把书信体小说打发回文学史中，束之高阁了。一旦放弃了塞缪尔·理查逊和弗兰西斯·贝尼①在那些讲述面对社会挑战的18世纪年轻女性

① 1752—1840，英国讽刺女小说家。——译注

的重要小说中所使用的书信体裁，简·奥斯丁便得以自如地发出独立的叙述之声。虽然她未必有所意识，但她其实已经在开拓一种全新的英语小说形态。

简·奥斯丁写作《诺桑觉寺》时，或许还没有预见到英语小说的未来，但她显然非常明了自己选择的这种体裁的强大之处。她也很明白并非所有人都像她一样清楚这一点。奥斯丁一家搬离斯蒂文顿之前，村里开了一个流动图书馆，人们可以去借书，拓宽阅读范围。1798 年 12 月，图书馆长马丁夫人请奥斯丁一家也来订阅，并向他们保证，她的图书馆不会仅有小说，而是各种文学都会收入——这个说法在教区长宅邸引起了一些快活的议论："她真没必要对我们家吹嘘这个，我们可都是爱读小说的人，而且并不打算为此觉得丢脸。"[①] 不过，他们意识到，马丁夫人的保证没准对于"她的半数以上读者的自尊心而言"是很有必要的。今天，这个文学种类已如此普及，以至于很难想象一度人们还会羞于承认自己是"爱读小说的人"，不过在简·奥斯丁的有生之年，小说普遍被视为不务正业，甚至极其危险之物。尤其对女孩而言，读小说常被视为放肆、不妥之举。简·奥斯丁曾经记录道，父亲在他们 1798 年 10 月从肯特回家的路上，在达特福德的"公牛和乔治酒店"埋头阅读《午夜钟声》。

①《简·奥斯丁通信》，第 27 页。

不过，当时并非所有牧师都会像这样在假日阅读时选择最新的哥特小说。[①] 乔治·奥斯丁甚至乐于让他未婚的女儿们也读这样的书，更属不同寻常。

简·奥斯丁写到凯瑟琳·莫兰由伊莎贝拉·索普推荐最新“恐怖小说”的情节时，触及了当时人们认为小说有害而畏惧不前的态度——不过，正如她一如既往地拒绝屈从于流行观念的做法，她进而捍卫起最心爱的这种文学形式。对于当时对小说不以为然的态度——“哦！无非是一部小说罢了！”——《诺桑觉寺》的叙述者发表了一段著名的反驳，宣称小说是“一些展示着最伟大思考力的作品，一些以精挑细选的语言，向世界展示对人性最深刻的认识，

沉迷于哥特小说的凯瑟琳，《诺桑觉寺》插图，1892年R格拉夫斯版画

①《简·奥斯丁通信》，第15页。

对其千变万化做着兴致勃勃的形容，散发着最活跃的智慧和幽默的作品”。简·奥斯丁一边撰写自己的小说，一边渐渐意识到她所承担的是怎样一种任务。

《诺桑觉寺》中对小说的赞美，实际上远不止于第五章中这段惊人的捍卫之语。约翰·索普连弗兰西斯·贝尼最新小说的第一章都没能看完，或许正暗示着此人性格有缺陷，而亨利·蒂尔尼对拉德克里夫夫人的作品了如指掌，则成为他的许多迷人之处之一。尽管凯瑟琳本人充满疯狂的、哥特风格的想象力，频频陷入对事物的可怕误解，但她对书籍的坚定热爱，正如对所有其他东西的坚定热爱一样，让所有遇到她的人，尤其是读者们，都对她颇为欣赏。简·奥斯丁让这位女主人公根据她喜欢的小说来理解生活，这种做法意味着，奥斯丁实际上也是在探索她自己的艺术和她身为作者的责任。凯瑟琳在诺桑觉寺惊呼，“哦！蒂尔尼先生！多么可怕！——这就像书里一样！”，此时简·奥斯丁也是在论证她作为作者对小说内涵的复杂理解。不仅叙述者督促着我们反思读小说的真正意义，人物本身也在提出这种督促。此外，凯瑟琳·莫兰习惯于把自己安插进小说世界的做法，说到底是可以理解的，因为她本人也是一部小说中的人物嘛。

简·奥斯丁在早期写作中，曾在真真切切的汉普夏郡天地和她自己阅读到的那些王国之间，愉快地来回移动，沉浸于从一个世界跃入另一个世界的喜剧感。现在她探索的则是一种从各方面而言都微妙得多的小说形式，在其中文学性和真实感和谐共存，远超过她之前的写作。这部新作的成功，关键的一点在于它对背景、对白和行动更具现实感的呈现。对巴斯的熟悉，让简·奥斯丁得以创造出一个栩栩如生的小说世界。与《莱斯利堡》或者《爱情和友谊》对苏格兰或者威尔士地名的挪用相比，诺桑觉寺中的城市是一个真实的地方，街道和建筑的名称随着叙述的发展自然而然地涌现。诸如“他们很快就在普尔特尼大街的旅馆里舒舒服服地安顿了下来”这样的说法，有一种实事求是的品质，让读者仿佛进入了小说中的这个世界，哪怕他们并没有对巴斯的第一手了解也是如此。对凯瑟琳坐在约翰·索普的马车里，穿过劳拉大街，进入阿盖尔大厦的旅行的描述如此令人信服，以至于女主人公的痛苦也显得万分真实，而她随后对于舞会而起的欢乐之情，也因为它发生在八角大厅而让读者们觉得非常可信。对于巴斯的建筑，小说并没有展开什么详细的介绍，不过几位角色和叙述者本人对各种场馆的提及，都和读者们自己和本地朋友们聊天时一样随手拈来，这种手法比详细形容那些推拉窗、古董桌和大吊灯要有效得多。

巴斯为简·奥斯丁的人物们提供的，还不只是一个内容丰富的地域背景。简·奥斯丁除了年少时的求学经历以外，大部分人生都是在大家庭和牧师宅邸附近的邻居们的陪伴下度过的。她认识家里的佣人和附近田里劳作的农民。

她去逛欧弗顿的商店，去参加贝辛斯托克的舞会。她去爱德华家做客时住在肯特，也去伦敦看过亨利。不过，除了这些之外，简·奥斯丁对于生活的经验并不算宽泛，因此，来宾云集、老少咸宜的巴斯极大地拓展了她对世界的认识。比如，艾伦夫人对于细棉布的迷恋就得到了非常动人的形容，它尽管在某种意义上有点让人想起《莱斯利堡》中夏洛特·拉特利尔对于食物的痴迷，不过依然可谓非常完美地烘托出了1790年代巴斯的气氛。简·奥斯丁在巴斯拓宽的视野，也并非仅限于那些为求医或社交而赶赴此地的形形色色人物。她还得以体验到城里的生活，并且开发出在小说中营造时髦都市背景的手法。凯瑟琳·莫兰的第一次远足就生动地反映出一个来自乡村，突然发现自己在一个封闭的空间里，为一大群陌生人所包围的女孩的紧张情绪。不过，一旦熟悉了巴斯，凯瑟琳就得以轻松地探索起这里的大街小巷，而她的创造者则熟练地营造出连绵不绝的活动，来引入出乎意料但又令人信服的新角色、新邂逅。

如果说，巴斯为简·奥斯丁活跃的想象力提供了一个充满灵感来源的背景，那么它也时时提醒着她，将语言、智慧和人类兴趣合而为一，整合为迷人的叙述，这一坚定的努力将会结出怎样的硕果。在斯蒂文顿，开了一家流动图书馆已经堪称新闻，而在巴斯，到处都是书店和图书馆，奥斯丁一家得以便利地读到各种最新出版物。对简·奥斯丁的个人发展来说，身边围绕着新书以及许多买新书的人这一事实，起到了相当的促动作用，其意义不逊于那些装点着她的内心世界的新见闻。尽管《第一印象》遭到草率的退稿，不过，换家出版社，再试试运气，似乎也无伤大雅。克罗斯比出版社在巴斯有几家分社，出版了大量作品，包括家庭小说和哥特小说。这家出版社经营兴旺，擅长图书出版和营销，并且欢迎"精彩出色的"① 作品前来投稿。亨利已在伦敦安顿下来，成为一位银行家，通过他新认识的一位朋友威廉·西摩尔，1803 年初，简·奥斯丁的小说终于设法被送到克罗斯比的办公室。令作者欣喜若狂的是，它被选上了。

此时，这部小说还叫作《苏珊》(不过最终它将以《诺桑觉寺》为名出版)，没过几个月，它就出现在克罗斯比出版社的新书预告单上。如此迅速的文学成功，想必帮助简·奥斯丁摆脱了任何残留的、因为离开汉普夏郡乡村而起的烦恼，也让她得以更好地适应了新的都市生活。她还不到 30 岁，就已凭借才华，走出了她那个虽然温暖热情，却人数有限的小家庭，得到外界认可了。此前仅仅用于讨家人开心的才能，现在可以向一群规模大得多的读者施展了。《苏珊》铺平了通向社会的大道，她即将迎接来自陌生读者的簇拥和崇拜。

① Anthony Mandal，《令奥斯丁烦恼不堪：本杰明·克罗斯比和〈苏珊〉的未能出版》（Making Austen Mad: Benjamin Crosby and the Non-Publication of "Susan"），《英语研究评论》（The Review of English Studies），57（2006），第 507—525 页。

然而，这部小说并未如愿问世。克罗斯比同意出版它，并寄来了 10 英镑稿费，但是他的出版社始终没有将它付印。他对于暂不出版的决定也没有给出任何解释。等待出版的时间，从几个月几个月，变成了几年几年。被接受时的兴高采烈，渐渐变成了遭到冷酷拒绝的失望痛苦。作为 19 世纪早期一位即将步入 30 岁的女士，简·奥斯丁渐渐觉得，一种乏人问津的感觉从四面八方袭来。

第 5 章　从一个家到另一个家：1804—1809

“可你知道，我们必须结婚。”① 简·奥斯丁给出版商寄去第一部小说之后，又开始撰写下一部，故事里的这句对白似乎影射向令她本人也颇为焦虑的一些问题。她写了仅仅大约 40 页，就放弃了这部《瓦森姐妹》，不过它幸存下来的内容在很大程度上揭示出作者本人喜忧参半的人生。这部残篇的开头讲道，艾玛·瓦森在一位姑妈欢乐的家庭中长大，但是姑妈再婚了，和丈夫一起搬到爱尔兰，艾玛不得不回到自己家中。通往萨里的一路上，艾玛的旅伴、姐姐伊丽莎白趁机大讲自己悲伤的失恋故事，并坚持道，

① 《瓦森姐妹》（The Watsons），《次要作品》，第 317 页。

不管怎样，艾玛都必须给自己找个丈夫。瓦森姐妹别无选择，只有早早结婚一条路的原因在于经济："爸爸养不起我们，而且变成老姑娘，穷，被人笑话，那也太糟了。"艾玛被姐姐的话震惊了，她并不认同她的看法，表示，"贫穷是一种可怕的邪恶，不过对于一位受教育、有感情的女士而言，它不应该……也不可能是最大的邪恶……我宁愿做学校教师（我想不出还有什么比这更糟了），也不乐意嫁给一个我不爱的男人。"尽管对当教师这事的嘲讽意味，让我们想到作者早期作品的调子，但是这段对话的语气整体上比早期作品严肃得多，表明这并非完全是一出喜剧。两位远远谈不上富足的姐妹之间，关于她们的可能未来的痛苦争论，与简·奥斯丁本人的生活只能说是太相近了。

艾玛·瓦森拒绝"仅仅为了过日子的缘故"而找丈夫，这种做法传达出对于这种女性困境的愤怒之情：成年后的生活质量完全依赖于自己能否吸引有钱男人。对于她的拒绝，姐姐并没有反对，只是一厢情愿地表示："我想我可以喜欢上任何有不错收入的好脾气男人。"这些意见分歧反映出简·奥斯丁对这个问题的看法，它将在10年之后，在1814年写给侄女范尼·奈特的信中得到更为清晰的表达：她建议侄女如果对于婚姻一事仍有迟疑，就一定不要勉强为之："比起毫无感情的婚姻，任何其他选择都更好，或者说更容易忍受。"尽管不乏在《瓦森姐妹》中得到生动描述的这种压力（在这部小说中，为了找到一个未来的家和丈夫，瓦森姐妹变成了绝望的竞争对手），简·奥斯丁似乎还是坚定地相信，没有爱就不该结婚。不过，她并非口说无凭，而是明了那些苦苦寻找爱情却徒劳而返的不幸之人的困境。她在《诺桑觉寺》之后动笔写起的这个故事，触及的是一个她将会在一生中不断借助想象力来重新探讨的问题。

简·奥斯丁撰写《瓦森姐妹》时，身份是一位住在租来的房子里，和父母、姐姐一起生活的单身女子。不过，她原本不乏嫁为人妻，当上汉普夏郡一个乡间庄园的女主人的机会。两年前，也就是 1802 年，她接受过一位哈里斯·比格-威瑟的求婚，这人是她的好朋友凯瑟琳和阿莱西·比格的弟弟。从肯特的爱德华家回来的路上，她在曼尼唐庄园与比格姐妹一起待过一阵，而她从小就认识的这位哈里斯趁此机会向她求婚。她立刻就回答“好的”，不过，第二天早上又反悔了。为什么？最有可能的解释是，她整晚都痛苦地反思着自己的决定，最后得出结论：她并不爱哈里斯，将来也不大可能爱。尽管对他或者他的姐姐们不乏喜欢，但是这种喜欢不足以取代真正的、激情四溢的爱情。他也许会是一位不错的伙伴，他也许会继承一幢距离斯蒂文顿仅仅几英里的美妙庄园，但她知道，与其在没有最深沉的情感依恋的情况下出嫁，那倒不如当一个收入有限、没有固定居所的老处女。日后她对范尼·奈特提的建议，是完全发自个人信念的肺腑之言。

1802年，简·奥斯丁也许仍在希望爱上某位可以成为丈夫的人。虽然玛丽安妮·达施伍德[1]宣布一位27岁的女子已经远远超过了有望激起男人爱情的年纪，但是简·奥斯丁知道很多人都是在二十出头之后才找到爱情的。伊莱扎直到1797年才嫁给亨利，当时她已36岁。简·奥斯丁是否像《瓦森姐妹》中的伊丽莎白一样，曾为爱情所打击（“一颗像你这样受伤的心不再可能想要婚姻了”）？我们无从得知。她早年与汤姆·勒弗罗伊的调情这些年引起了大量关注，促成了一部相关著作、一部电影，和无数的猜测。[2] 不过，有关她的情感生活的证据实在是少而又少。经常，一点点依稀的事实便足以迅速引起关注，引发大量活跃的、充满想象力的阐释，但它们远不足以充任对她的生命中一些重大时刻的翔实可信的重建。也有可能，简·奥斯丁曾与什么人相爱过，但他的名字我们永远不得而知。或者她也许有过一系列秘密的激情，其细节除了最亲的亲人以外无人知晓，也不曾在她的信中留下痕迹。

关于奥斯丁一家从汉普夏郡搬走之后，简有可能遇到的故友新交，或者合适的单身男子，我们都一无所知。不过奥斯丁一家定居巴斯，平时也会到德文郡、多塞特郡和萨塞克斯郡度假，饱览风光，进行海水浴，也必然会参加

---

①《理智与情感》女主人公。——译注

② 指的是 Jon Spence 的小说《成为简·奥斯丁》（Becoming Jane Austen）（London，2003），它在2007年被改编为同名电影，由 Julian Jarrold 导演，大获成功。

时髦海滨度假地的晚会。在简·奥斯丁去世已有一段时间之后，卡桑德拉对侄女卡洛琳承认，妹妹曾爱上过“一位非常迷人的男士”（“我从没听卡丝姑姑以这样赞美的口吻说过任何其他人”）。[①] 她是在他们家夏天去海边时遇到他的。显然，他们打算在奥斯丁一家回到巴斯之后继续约会，不过这位名字始终保密的男人之后突然去世了。如果这段经历发生在 1801 年第一次去锡德茅斯的旅行中，那么它很有可能便是令简·奥斯丁对于哈里斯·比格-威瑟的求婚迟疑不决的原因。它也有可能永远改变了她的情感生活和世界观。不过，也有可能的是它与这些都毫无关系。

从早期涌现的那些关于简·奥斯丁的回忆录来看，她的一生可谓波澜不兴，未曾受到多少情感纠葛的困扰，主要精力都用于照顾家人和写作。不过，亨利·奥斯丁、詹姆斯·爱德华·奥斯丁·雷和卡洛琳·奥斯丁都将她描述为一位极富魅力的女子。哥哥的回忆录写于她去世数月后，描述了小妹优雅的举止，端正的五官，甜美的声音和令人愉悦、富有感染力的表情，后者总是反映出“愉快、同情和慈善，而这些正是她的真实本性”。[②] 简·奥斯丁侄儿的回忆录尽管写于半个世纪之后，也同样对她推崇备至：“从外表上说，她是一位清秀的棕色头发女子；她脸颊丰满圆

---

① 写给詹姆斯·爱德华·奥斯丁-雷的信，Austen-Leigh，《回忆录》，第 188 页。

② 亨利·奥斯丁，《对作者的传记性说明》，见 Austen-Leigh，《回忆录》，第 139 页。

润，有着小巧精致的鼻子和嘴，明亮的棕色眼珠，棕色头发天然卷曲，环绕着脸庞。”[1] 尽管简姑妈没有卡桑德拉姑妈那样“端庄俊美”，不过他觉得她有着特别的吸引力：“她的面容自有魅力，大多数看到她的人都觉得喜欢。”这样一位女士不至于吸引不来仰慕者。卡洛琳也很肯定地认为，姑妈“根据大多数邻居的看法，是一位很漂亮的女孩”。[2] 简·奥斯丁显然很喜欢舞会，也遇到了很多男士——也许她是对他们一个都不喜欢？我们没有任何对于简·奥斯丁的私人情感的直接记录，所以除了推测，别无他法。

不过，我们可以肯定的是，她在成熟期的小说中表现爱情和求爱过程时，能够以史无前例的文学技巧，精确地捕捉女主人公们的情感。很难想象一位从未恋爱过的作者能以如此的细腻与同情来描述玛丽安妮·达施伍德的遭遇，或者《劝导》结尾处安妮·埃利奥特的意外欢欣。在简·奥斯丁整个成熟期的创作中，她都以充满同情的态度，探索爱和欲望的奇妙作用，让读者对每位女主角的情感波折都心有戚戚，就仿佛她们是活生生的人物一样。简·奥斯丁对于情感误会或者错爱都持有宽容、同情的态度，这种态度固然有可能源自她对周围人的敏锐观察，但其实不大

---

① Austen-Leigh，《回忆录》，第 70 页。

② Caroline Austen，《我的姑妈简·奥斯丁：回忆录》(My Aunt Jane Austen：A Memoir)，Austen-Leigh，《回忆录》，第 169 页。

可能仅限于此。在日记里，或者甚至私人信函中，她或许都不曾吐露过任何明确的恋情，但是简·奥斯丁在她发表的所有小说里，都留下了痕迹，表明她对于人类情感深刻的个人了悟。

至于《瓦森姐妹》，奥斯丁放弃了它，也许是因为它触及的是与她的处境过于接近的一些问题，或者也许她因为过于密集的社交活动和频频的度假和做客访友而无心写作。也有可能的是，作为一位严肃的写作者，她知道这个故事写不好。《苏珊》未能如愿出版，或许打击了她接下来的创作热情，不过令她陷入消沉的还有其他很多可能原因。奥斯丁夫人对自身健康的担心经常令女儿们烦恼不已（“她有时抱怨气喘、水肿、胸积水，还有肝部不适”），自打真得了重病之后，这些抱怨变得更频繁了。[①] 尽管她后来幸运地痊愈了，但是简写来庆祝她康复的喜剧诗揭示出疾病一度之严重：“死神说，‘我这三周甚至更长时间以来/都盘算在这里弄走第四号老夫人’。”[②] 死神失望而归，不过奥斯丁夫人已经六十出头，下一回大有可能不会再如此幸运。

奥斯丁夫人纵然也许鼓励家人拿死神来开玩笑，不过有些时候，哪怕是最强烈的幽默感也会显得无济于事。1801 年，15 岁的哈斯廷斯夭折，人们因为失去这位男孩唏

---

①《简·奥斯丁通信》，第 28 页。
② 这首诗全文刊于 W. R. 和 R. A. Austen-Leigh 的《家庭回忆录》，第 125 页。

嘘不已的同时，或许也不由会想到简的哥哥乔治，他童年时和伊莱扎这位不幸的儿子一样，遭受着频频的痉挛发作。三年后，简·奥斯丁 29 岁生日之际，又传来勒弗罗伊夫人在去欧弗顿购物的一次寻常旅行中，因为马匹受惊而突然身故的不幸消息。这个意外事故不免又勾起 1798 年简·库伯因为马车失事而不幸遇难的痛苦回忆。不过，厄运并未结束。勒弗罗伊夫人离开一个月不到，简·奥斯丁的父亲也去世了。

简立刻写信给哥哥弗兰克，告知了父亲去世的消息，根据她的形容，父亲突然陷入“高烧、猛烈颤抖，以及极度虚弱”。① 突然之间，她丧失了一切喜剧能量。不过她周到地预见到哥哥的震惊和痛苦，转而又设法安慰他，这也让我们难得地了解到，对简·奥斯丁而言，最大的支撑力量和慰藉源泉是什么：那就是她对于父亲的善良本质和他为了进入“另一个世界而不断做的准备”的信心。在他重病的那些令人苦恼的日子里，简和姐姐、母亲一起，急切地为他祈祷，希望他少受痛苦，而在父亲去世之后，她也依靠这种信仰得到力量。不过，她经历的伤痛之巨大，以及它们将给活着的人带来的各种实际影响，都令她三十出头的岁月布满阴影。

乔治·奥斯丁去世后，他的遗孀和女儿们陷入困境。

①《简·奥斯丁通信》，第 100 页。

她们在巴斯搬到盖伊大街一处更便宜的住所，住了大约一年，又搬到南安普敦，弗兰克 1806 年 6 月与玛丽·吉布森结婚后的安家之地。婚后第二年，弗兰克再度出海，母亲和妹妹们便迁来住了两年。尽管简一直都知道弗兰克的海军生涯危险重重，不过和他的妻子一起生活，帮助照顾他们的宝宝，更让她担心起军人在海上随时可能遭遇的危险，也让她感受到听说船长即将返家休假时的巨大欣慰之情。

在靠近朴次茅斯的南安普敦度过的岁月里，简·奥斯丁头一回体验到这样的生活：住在大港口，频频收到消息，得知英国的海外事务和战争进程。她亲眼见到装满士兵和大炮的巨大战船、商船和载人小艇，以及拥挤在码头的各色人等。南安普敦不乏优美的建筑和各种舞会，不过朴次茅斯港口展开的各种事务都是生机勃勃的，与巴斯那种散漫，甚至每每柔弱的氛围形成了强烈对比。简·奥斯丁在最后一部完稿的小说里，在结尾处赞美了英国海军军人的家庭观念和他们对国家的重要意义。正如她早期的作品都是写给家人的礼物一样，她最终也用成熟的作品，对在她的生命中如此重要、其美德又令她如此钦佩的那些人表示了感谢。

弗兰克邀请母亲和姊妹们住到他不断添丁的家里，让她们摆脱了临时住所的不便，不过，到头来是爱德华为她们提供了安居之地。1808 年，他的妻子伊莱扎在分娩数日之后突然去世，令他的人生陷入混乱。突然降临的灾难令爱德华悲痛欲绝，也让他的 11 个孩子失去了母亲。此时，卡桑德拉正好在戈得默山姆庄园陪伴他们。卡桑德拉设法安抚范尼和她的小弟弟小妹妹们。两个最大的男孩此时在温彻斯特上学，便去了南安普敦与简姑妈待在一道。10 月 24 日，一封写给卡桑德拉的信里，简描述了设法用“挑棒游戏、折纸船、谜语、字谜和扑克牌”来帮侄儿们解忧的努力，也谈到她们自己的“计划”。1808 年 10 月，奥斯丁夫人和女儿们得到邀请，可以搬到爱德华在肯特或者汉普夏郡的产业中比较小的一幢房子里去。她们选择了汉普夏郡的住处，位于乔顿，距离斯蒂文顿几英里，在接下来几个月里，她们为这个计划认真地做起准备。

搬家的可能让简 · 奥斯丁变得积极起来。她这些年一直在思考《苏珊》的命运，现在她下了决心，在 1809 年 4 月 5 日，给克罗斯比写去信函，询问他们是否弄丢了手稿。她在这封信上的署名是“艾 · 丹夫人”（“南安普敦邮局转艾什顿 · 丹尼斯夫人收”）。她提议也可以再提供一份抄本，但是理查德 · 克罗斯比敷衍了事地回答道，他的公司并无义务保证出版这部小说，不过要是其他出版商打算出版它，那他们则会采取行动来反对。如果她想收回对自己作品的掌控权，必须退回当初克罗斯比为《苏珊》支付的 10 英镑。简 · 奥斯丁尽管暂时放弃了对这事的追问，不过她在六年之后决定理清情况的做法，表明她在写作方面重拾决心、再度变得乐观。一旦在乔顿安居下来，哪怕没有一间属于自己的房间，只要还有一点可以写作的空间，简·奥斯丁就动笔写起了另一部小说。《苏珊》锁在伦敦一位出版商的保险箱里，《瓦森姐妹》半途而废，但是 10 多年前，简还写过别的草稿。《埃莉诺和玛丽安妮》从柜子里翻出，和它的作者本人一样获得新生。

不管简·奥斯丁在 1790 年代中期为这两位姐妹构想的是什么样的故事，现在，因为她在之后这些年的经历，它都得到了深刻得多的发展。这部新作提供了一个机会，让她来处理父辈去世、被迫搬离旧宅这样的痛苦话题，此外，虽然达施伍德一家的很多细节都与她自己的家庭毫无相同，但是推动情节发展的那些事件都出自简·奥斯丁的第一手经验。她在小说中提到，达施伍德夫人和女儿们得到机会，住进一位有钱亲戚的一幢小屋，显然就与她的个人经历息息相关。小说将达施伍德一家在德文郡的新居简短地描述为一幢虽然“不乏缺陷”，却“舒适、紧凑”的建筑，这也与乔顿小屋非常相似，后者有着同样的方砖砌成的正面。

书中描述的几位女儿的行为，“她们把书和其他所有物件摆放到身边，给自己带来家的感觉”，也让我们了解到简·奥斯丁本人是怎样在陌生环境里营造安家之感的。她在之前这八年时间中，有了不少将书和其他物件摆进新居的经验，不过在乔顿小屋住下后，她似乎有了一种可以从此安居的感觉。在巴斯和南安普敦度过动荡岁月，在去其他镇、其他人家的无数次旅行之后，奥斯丁姐妹终于在一个小小的、距离她们长大的村子不远的乡村歇下脚来。这是乡村生活的一个新阶段，不过同时也是对某种她非常熟悉的事物的复归。正如威廉·华兹华斯发现在湖区度过的童年之家让他心情振奋一样，回归汉普夏郡，也让简·奥斯丁备受鼓舞，得以在接下来八年中，进入一段非凡的创作高潮。

第 6 章 《理智与情感》和《傲慢与偏见》：1809—1813

《理智与情感》中，埃莉诺·达施伍德和布兰登上校首次交谈，讨论了一个人逐步成熟的益处和缺点。简·奥斯丁在《诺桑觉寺》和《瓦森姐妹》里，已经开始利用小说对白来对重大问题发表不同意见，在这部自打在乔顿安顿下来不久就开始修订的作品中，她进一步发挥了这种技巧。埃莉诺表示，但愿用上“几年时间”，就能让妹妹的爱情观有所改正，“让她在常识和观察的合理基础上，形成自己的意见”，布兰登上校则出乎意料地激动地回答道，“不，不，别这么想——因为当一个年轻的头脑不得不放弃那些浪漫想法时，每每取而代之的就会是那些太过普通、太过危险的想法了！”这段对话让我们想起凯瑟琳·莫兰倾吐对巴斯的天真向往时，亨利·蒂尔尼对她的欣赏之情。不过在《理智与情感》中，这个问题则因为玛丽安妮·达施伍德的关注，以及埃莉诺和布兰登上校的不同年龄而变得更为复杂。它并不是由见多识广的中年军人发出的经验和理性之谈，而是由一位年轻女士提出来的，而她本人也只比她笃定地认为需要抛弃孩子气观点的那个女孩大两岁而已。这一情节不仅暗示出简·奥斯丁自己可能的成长过程，也展示出她的观点，那就是成长本身或许也不乏危险。埃莉诺·达施伍德从她 19 岁的年龄出发，也许相信大了几岁必定意味着更多的理智，但是布兰登上校则表达出这种可能性：年龄增长或许仅仅只会导致厌倦和平庸。

对一位创造性写作者来说，理想主义或者想象力非得遭到理性和常识的碾压，想必并不是什么值得称道的结论。而闪耀的独特个性到头来不可避免都要沉沦于平庸日常生活的想法同样算不得美妙。重读这部 14 年前开始酝酿的作品时，简·奥斯丁面临着一些尖锐的问题，那就是过去这些年里，埃莉诺预见的这些成长的益处，或者布兰登上校相信的这些成长本身所附带的局限性，究竟哪一种胜出了呢？想要让小说成功，她就必须设法重拾早年的激情，却又必须对之加以适度控制。日后，随着写作不断深入，简·奥斯丁会逐渐意识到，要创作出独特的艺术作品，方法并不止一种，而且比起最初的灵感迸发，从经验和实验中得来的技巧同样重要。不过，在她后来的成熟期小说中那些千头万绪、错综复杂，促成了惊人的艺术效果的各种因素，在《理智与情感》中只被处理为几组互相冲突的力量：想象必然会与理性产生冲突吗？冲动一定会和约束彼此矛盾吗？理智和情感也必定是一组对立关系吗？两位女主人公，以及小说中其他许多角色遭遇的痛苦，正指向这些颇为严肃的问题，它们既是艺术领域的，也是道德领域的。如此，简·奥斯丁果断地应对着修订少时旧作时必然会遇到的各种麻烦。她准备付诸出版的这第二部作品，情绪远比之前轻松得多，也单纯得多。

尽管简·奥斯丁的小说《理智与情感》之前的版本没有存留下来，不过我们不难看出，它与那些未发表的早期作品之间有着千丝万缕的联系。如果说，它在1795年初次动笔，并且是以书信体形式来写的，那么它或许与《爱情和友谊》、《莱斯利城堡》和《苏珊夫人》都有某种共通之处。玛丽安妮辞别诺兰德庄园，她对于婚姻和天气的看法，她的遭遇、获救、恋爱、心碎和几乎致命的重病——这些也许最初都是作为对当代感伤小说的戏仿而构思出来的，就像简·奥斯丁的许多其他作品一样。当劳拉和索菲亚在《爱情和友谊》中，在沙发上一会儿叹气一会儿昏倒时，这个情节是设计用来取笑动辄大惊小怪、女主人公容易昏倒、男主人公泪腺发达的那类文学的。在《苏珊夫人》中，简·奥斯丁换了另一种方式来取笑之：她创造出一位似乎毫无同情心的女主角，让她洞悉了利用、操纵她那些多愁善感的朋友们的技巧。主人公那种极其现实的语言，以及极度的自私自利，却偏偏导向了一种更为微妙的幽默，在其中真情实感得以流露。简 · 奥斯丁从《苏珊夫人》转向《埃莉诺和玛丽安妮》时，曾经再度采纳书信体形式，不过它们涉及了一种比《爱情和友谊》更为现实的通信风格，对于年轻的女主人公们的情感也表现出更多的同情。

《埃莉诺和玛丽安妮》是否完全由姐妹之间的通信构成，这一点不得而知，不过我们很容易看出，在第一稿中，露西 · 斯蒂尔很有可能主要是依靠这一人物不够优雅的文风来呈现的，玛丽安妮和威乐比的恋爱高潮和分手，则很有可能是借助秘密的注释来表现的，而布兰登上校的过去则有可能是用一封长信来加以介绍。在 1797 年到 1798 年之间修订《埃莉诺和玛丽安妮》时，简 · 奥斯丁或许已经用上了《诺桑觉寺》的直描技巧，将小说中的大多数信函改为直接的对白。不过，她在这个阶段不大可能调整过玛丽安妮 · 达施伍德多愁善感的表现。《诺桑觉寺》并没有排除对哥特小说的

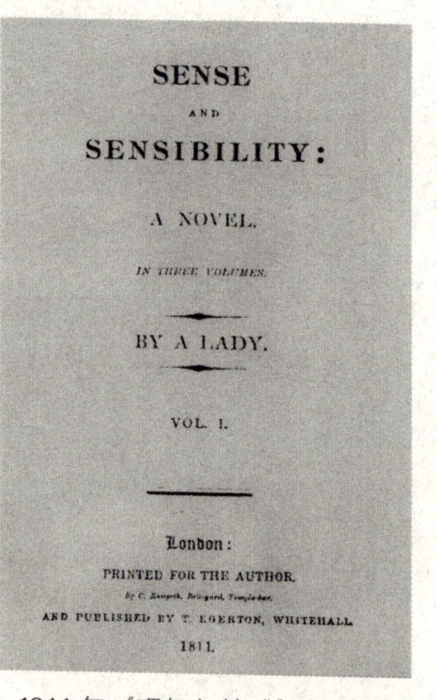
SENSE
AND
SENSIBILITY:
A NOVEL.
IN THREE VOLUMES.
BY A LADY.
VOL. I.
London:
PRINTED FOR THE AUTHOR,
AND PUBLISHED BY T. EGERTON, WHITEHALL.
1811.

1811 年《理智与情感》初版的扉页，作者署名为“一位女士”

刻意戏仿，因此很有可能对《埃莉诺和玛丽安妮》的早期修改也只是针对叙述文体和情节展开，而不曾去调整对多愁善感的滑稽调侃。不过，到了1809年，简·奥斯丁已经认识到，失恋之苦痛并不那么像喜剧了，或者，至少应当以比以往严肃一些的态度对待之。

尽管这部小说经常被视为对当时流行的“多愁善感”的批评之作，不过，如果我们宣称简·奥斯丁本人对玛丽安妮·达施伍德毫无同情，未免也过于武断。玛丽安妮最喜欢的书也是简·奥斯丁的心爱读物，所以，玛丽安妮的这位创造者想必对于玛丽安妮的情感判断标准是颇为认同的。不过，简·奥斯丁的信，尤其是写于痛苦时刻，比如伊莱扎·奥斯丁突然去世时的那些，表明她也能忍住悲痛、振作起来，转而安慰鼓励别人——这又与埃莉诺·达施伍德的做法非常相似。哥哥詹姆斯读到《理智和情感》时，他立刻看出，两位达施伍德家的女孩都是以他的妹妹，也就是作者本人为原型创造的：

> 她对这种题材，毫无疑问手到擒来，
> 因为她本人就是这些品质的拥有者；
> “情感小姐”，名家笔下的那位亲爱女郎，
> 以及那种平静的理智，双双得到出色描写。
> 美丽的埃莉诺就出自她的内心

玛丽安妮的情感也一样源出她自个儿。[①]

不过，全知叙述者的引入，意味着简·奥斯丁本人可以在她的小说里戴上各种面具出现；虽然达施伍德姐妹俩可能都是她的自绘，但同时她俩也是被创造出来的独立的、令人信服的不同角色。她们之间明显的区别，也许源自简·奥斯丁本人复杂的内心，不过这种分歧也是一种试图从各个角度探讨思想，从对立中寻求统一的方式。

尽管埃莉诺很快表现为一位充满自控力的人物，与口无遮拦的玛丽安妮形成对比，但是姐妹俩其实都有着多情特征。许多读者在这部小说中应该都读出了对多愁善感的嘲弄，不过这种嘲弄很快又因为对于那些铁石心肠之人的更为强烈的批评而有所减弱：玛丽安妮对落叶的同情固然不乏喜剧色彩，但比起范尼·达施伍德的粗野之举，这同情心就显得分外可爱了。修订之后的小说固然保留了一些对于当代文学潮流的嘲弄之语，但也针对一个以礼貌周到为荣的社会的传统习俗展开了严肃思考。虽然看似一部幽默小说，但是，在描述一位健康的17岁女孩公开表达自己的情感，却被驳斥为粗鲁或大逆不道的场景时，文中也涌动着一股愤怒的潜流。虽说小说表面上貌似对毫无掩饰的情感流露有所劝诫，但是简·奥斯丁对于朋友和亲人对年

---

①《詹姆斯·奥斯丁诗歌全集》，第39页。

轻女性施加的痛苦而起的不满之情，在《理智与情感》中得到了前所未有的表现。埃莉诺想要掩藏真相的努力，也许到头来是明智的，不过那也只是因为达施伍德姐妹周围都是那些辜负她们信任、自以为是或麻木不仁的人。

这部小说与其说支持着那些约束玛丽安妮思想的社会准则，毋宁说批评着一个看似温文尔雅，实则并不保护弱小成员的虚伪社会。它显而易见地关注着日常生活中无所不在的不公，以及劳者未必有所获的现象。达施伍德先生去世后，女儿们因为英国继承法和嫂嫂的无情，从自己家中被扫地出门。书中人物的对话似乎只是在讨论瓷器礼物，实际指涉的却是粗暴至极的举动。书中通过描述达施伍德夫人和三个女儿的困境，一清二楚地直言出对于为人妻者的不幸生存现状的看法，同时，借助范尼·达施伍德偏巧也是凭借婚姻获取诺兰德庄园这一事实，这种看法又达到了新的深度。简·奥斯丁开发出一种新形式，将对人类社会多年观察而得的丰富知识写进小说，令后者变得深邃丰厚。她很清楚，一个家庭的兴旺发达，每每建立在另一个家庭的不幸之上，而不幸的家庭则大有可能每况愈下，雪上加霜。不过，与她的许多同时代人不同的是，她并没有采用传统的无辜者受难笔法，因为她知道，如果人物及其命运复杂一些，如果他们的苦难与读者们的真切经验更接近一些，故事会更有说服力。

通过描述许多人都要面临的现实问题，小说实际上作出了足以让读者深刻领会的社会批评，却又避免了在1790年代的革命十年里，大量小说都未能幸免的那种辩论风格。《瓦森姐妹》开场时引入的婚姻压力问题，在达施伍德一家被迫搬到德文郡，以及在巴顿庄园遭遇无心的尴尬玩笑时再度彰显。不过，这个问题引起的不安，又因为对于密德顿一家的出色描绘而有所缓和：他们让家里挤满客人，并任其自生自灭；对于帕尔马先生的形容也缓和了气氛，增加了作品的喜剧色彩：他“像许多和他同性别的人一样，因为一些难以言喻的对美貌的偏爱，到头来发现自己成了一个非常愚蠢的女人的丈夫”。婚姻也许是当时社会给成功的年轻女士的奖杯，但是简·奥斯丁也非常清楚地认识到有时它哪怕算不上有毒害，也至少是令人枯竭的。小说中有一些女性角色通过婚姻获得了巨大好处，但也有一些因此而成年累月忍受着无聊甚至痛苦。正如她的惯用手法，简·奥斯丁绘制出这样一个社会：命运无常，人类则以各种方式设法应对突如其来的困境。他们面对的难题是普遍的，不过具体的应对手段则是因人而异的。

《理智与情感》对于个人缺陷和流行社会观念展开了毫不含糊的批评，不过展示出的人生观又远非惨淡。有些角色似乎是专门为考验女主人公们的耐心而出现，到头来却成了她们最真诚的朋友。比如，玛丽安妮对詹宁斯夫人几乎有点过度神经质的反应，最后被证明是一场误会，而她对布兰登上校和他的法兰绒马甲的最初判断，也得到了彻底的扭转。书中对婚姻做出了大量负面描述，但在埃莉诺的大团圆结局的喜悦气氛中，它们几乎被遗忘殆尽，从而，小说由隐藏的悲剧色彩拐向了传统的喜剧结尾。简·奥斯丁凭借新的叙述风格，对达施伍德姐妹及其对于世界的不同态度都寄寓了同情，既强调出要点，又不必为此而失去叙述的流畅。

在语气上，《理智与情感》比肆无忌惮的早期写作要严谨得多，不过它其实展现出一种新的叙述自由。在《诺桑觉寺》中，简·奥斯丁兴致盎然地营造着比早年的试笔之作更为让人信服的角色和更吸引读者的情节，不过在《理智与情感》中，她开始在叙述中掺入真情实感。读者们借此不仅可以看到奥斯丁的年轻女主人公们有趣的一面，也在很大程度上注意到她们被迫忍受的那些东西：小说的张力依赖于对她们的人生的想象性代入。玛丽安妮发现骑马走近的绅士是爱德华·法拉斯时的失望之情，表现出奥斯丁对于人物心理敏锐的把握能力，将作品抬升到更高的层次，超越了嘲讽和感伤。《理智与情感》依然不乏未曾解决的紧张冲突，但是简·奥斯丁独特的才华已熠熠生辉。各个时代的小说家们首次发表的作品中，这一部显得独树一帜，足以从书海中脱颖而出。

简·奥斯丁不再受到讲故事时的戏仿动机的拘束，同时，她也轻而易举地找到了一位出版者。由于当时的社会惯例，她无法亲自出面处理商业交易，幸运的是，亨利·

奥斯丁非常乐意充任她的文学代理人。他将《理智与情感》呈交给位于伦敦的托马斯·伊戈顿出版社，后者立刻接受了它。协议规定，一旦小说滞销，简·奥斯丁将不得不自行承担出版费用，不过这次冒险到头来证明非常值得。1811年10月，《理智与情感》出版后立刻引起关注。相关评论不断涌现，小说还得到了宫廷的赏识，夏洛特公主承认自己是它的仰慕者。两年不到，第一版已然售罄，简·奥斯丁得到140磅的丰厚收入。此时，她已动笔写起《曼斯菲尔德庄园》，不过同时，托马斯·伊戈顿精明地提出，买下她继《理智与情感》之后一直在写的一部小说的版权——《傲慢与偏见》。

《傲慢与偏见》插图，达西与伊丽莎白初见，
1898年H. M. 布洛克绘制

小说顺利出版，令简·奥斯丁信心大增，这种心情在接下来这部小说中处处可见。她本人将《傲慢与偏见》形

容为“过于轻松、明朗、卖弄小聪明”，不过这绝不意味着它在艺术上有失完美。[①]《理智与情感》投稿成功，出版有望之后，简·奥斯丁就将新开发出的写作技巧用于昔日家人最喜欢的一部作品：《第一印象》。正如简·奥斯丁的这部修订之作的主旨想表达的，或许，曾经拒绝她的人，迟早会感受到比被拒者深刻得多的懊恼之情。加德尔和克罗斯比都将因为一叶障目，未能识别出这位《理智与情感》的作者一度呈交给他们的作品的真正价值而抱恨终身。在《傲慢与偏见》中，仓促的定论和之后长久的悔恨，都被加以尽情的揶揄打趣，正如其作者本人也曾遭轻视，到头来终于扬眉吐气。伊丽莎白·班纳特在梅里屯舞厅遭到达西先生冷落时，她的反应是乐观、迅速的自我解嘲：“不过，她还是兴致勃勃地跟朋友们讲了这事；因为她天性活泼乐观，对于任何荒谬事儿都会觉得很好笑。”事实上，她的作者也有着同样的诙谐脾性，多年的沉默和颠沛流离之后，她已做好准备，将痛苦的经历转化为好玩的故事，只不过，如今她的朋友圈已大大拓展，变成了一个由被她逗乐的仰慕者们组成的巨大读者群。

我们并不能确定简·奥斯丁对《第一印象》的修订幅度，就像无法断定《诺桑觉寺》和《理智与情感》对其早

---

①《简·奥斯丁通信》，第 212 页。

期版本的改动一样。并没有什么幸存下来的旧稿可以供我们展开详细比对。简·奥斯丁在一封给卡桑德拉的信里承认，她对这个故事进行了“修剪”，不过另外几处提及“写作”时，她又表示进行了全新的构思。小说的气氛与简·奥斯丁早年那些描述舞厅里的得意与失落的私信颇为相似。因此，有可能它最初构思于1797年，也很有可能的是，当简·奥斯丁1811年到1812年修订这个故事时，她重读了一些姐姐保留的当年的信函，把这些信中细节勾起的相关回忆插入了小说。比如，《傲慢与偏见》中的舞会，也许就和1798年的斯蒂文顿圣诞舞会不无关联，当时简在信中的描述是，“加兰德先生一如既往，举着帽子出现，时不时站到我和凯瑟琳身后，弄得我们纷纷责怪他不下舞场。”① 如果说，这表明伊丽莎白·班纳特正是作者年轻时自我的化身，那么另一方面，我们也应该注意到，接下去的信函内容，似乎更契合的是莉迪亚的性格：“我们不管怎样，还是设法拉他下了舞池；——我很高兴这么久之后又看到他，而他几乎成了那天晚上的调情中心。”对她接下来着手写作的这部作品而言，不仅有一部小说的草稿，还有大量充斥着个人经历记录的信函，足以为她提供素材。最重要的是，这将是她的第二部出版的大作，而她已是一位备受关注的作者。

①《简·奥斯丁通信》，第30页。

伊丽莎白，《傲慢与偏见》插图，罗伯特·巴尔绘制，1945年

《理智与情感》中，简·奥斯丁探索着一系列必须悄悄化解的冲突，而在《傲慢与偏见》中，一切却似乎必须公开。埃莉诺对于吐露情感颇为踌躇的态度，在小说曾经得到赞同，但是现在对于简·班纳特而言，这种做法却几乎带来灾难。达西先生没有及时揭穿维克汉姆的本性，令莉迪亚和她的家庭对他的掠夺之举猝不及防，而达西本人在表达情感方面的笨拙，也导致了一连许多页的痛苦。对于坦言真相的看法，《傲慢与偏见》与《理智与情感》是截然不同的。伊丽莎白可以任意开口，还能因此赢得那些重要角色们的钦佩，她快嘴快舌的妙语得罪的无非只是那些原本就观念不正的角色。玛丽安妮则不一样，她一旦冲动便会招来公众非议，导致个人的痛苦。这两位女主人公都有奔跑的场景，玛丽安妮象征性地滑倒了，伊丽莎白却“飞快地从一片田地跑到另一片田地，跳过围栏，越过水坑”，没有任何东西能阻碍她，对于这位拒绝畏首畏尾，向来都是口无遮拦，并因此获得个人幸福的成功女性，小说不吝赞美。在《理智与情

感》中，一切看起来都困难重重，而《傲慢与偏见》却欢赞着各种可能性。

不过，《傲慢与偏见》尽管在情绪上比上一部小说轻松许多，对社会问题却同样表现出关注与同情。再次地，它直指当时女性的不稳处境，只不过，男性继承制的荒谬无理，现在却被加以喜剧性处理，成为一个“令班纳特夫人歇斯底里”的话题。她丈夫对表亲柯林斯先生的信函的简短复述（“等我死喽，他随时可以把你们赶出这幢房子”），表明班纳特家的女儿们不比达施伍德一家安全多少，不过，同时读者也会安心地意识到，在这样一部风格欢快的小说中，不会真发生什么悲惨的事。就连夏洛特·卢卡斯接受了一位她对之毫无感情的丈夫，就因为她已 27 岁，需要“一个安逸的家”，这其中潜藏的痛苦，也被简·奥斯丁出色的喜剧笔触所冲淡。伊丽莎白去拜访这对夫妻时感知到的那些比较痛苦的方面，在智慧幽默的行文中被大大减弱：“等到忘掉还有个柯林斯先生这码子事之后，那儿就真的充满了一种愉快的气氛，鉴于夏洛特显然对此非常享受，所以伊丽莎白觉得，他想必是经常被忘掉的。”当然，夏洛特的新婚丈夫居然可以被忘掉这事本身也是一则笑料。

柯林斯先生像班纳特夫人和凯瑟琳·德·包儿夫人一样，提供了一种相当有别于伊丽莎白及其父亲，也有别于班纳特一家令人困窘的喜剧性处境、威廉·卢卡斯和宾利姐妹那些备受嘲讽的言论的闹剧笑料。这些角色被夸张到几乎是漫画的程度，但与那些没那么夸张的人物的交流，又将他们控制在可信的范围中，这对于叙述整体上的成功至关重要。人物虽然生动多样，但没有一位专为营造喜剧片段而设。《傲慢与偏见》的写作始终是拿捏有度的，一个个人物的出场都恰如其时，很好地扮演了各自分内的角色，服务于整体叙述。

小说叙述者睿智的、聊天一般的语气，赋予故事以稳定坚实的基础，也让简・奥斯丁得以绘制出在斯蒂文顿老家初次见识过其上演，继而在巴斯、伦敦和南安普敦的专业剧场中欣赏过的那些喜剧。她少年时代已经学会欣赏诸如玛拉普洛先生和卢修斯・欧特力格爵士[①]之类角色，现在她自信满满，也创作出许多这样的角色，他们因为从一部现实主义小说中意外涌现，所以喜剧分量更是超越了谢里丹笔下的那些人物。敏锐的读者想必会发现，推动着《情敌》、《造谣学校》的情节发展的对话，在《傲慢与偏见》中也时时可见。描绘五姐妹在家中的情形时，有一点非常重要，那就是对白既要自然而然、令人信服，又能让读者立刻识别出说话者的身份。伊丽莎白的发言总是简洁风趣，妙语迭出（“你受到赞美总是感觉意外，但我可从来不会”），她姐姐则充任了一位完美的陪衬者。莉迪亚作为家中最小的女儿，脱口就是各种俗话（“天老爷哟!”），而

①《情敌》中的人物。——译注

且不断提到各位军官的名字，而基蒂则一般只会咳嗽、发发感叹。玛丽，“家里唯一一位样貌平凡的人”，不得不依赖她那些费劲心机地取得的成就来获取自信，用要么从道德训诫中摘取的长篇大论，要么一段更长的协奏曲来打断大家的交谈。每个女儿都有其独特的、容易识别的说话风格，这是简·奥斯丁将舞台技巧引入她那些极其灵活多变的小说中，拓展了塑造角色的技术的结果。

不过，她的新小说的大胆之处，并不仅限于艺术上的革新。除了塑造出一位为人处世截然有别于当时教科书中规定的那种模范女孩，而是颇富个性、讨人喜欢，令人耳目一新的女主人公之外，简·奥斯丁还为读者们写了一个涉及诱拐和婚外性问题的故事。18世纪的卫道士们最为恐慌的事，在乔治·维克汉姆身上得到了淋漓尽致的体现，不过，简·奥斯丁并没有遵从当时的文学传统，对花花公子或他的受害者加以谴责，而是设法让乔治安娜和莉迪亚免遭了社会羞辱，而对维克汉姆的惩罚也无非是赏了他一个蠢太太。

与理查德逊的小说不同，《傲慢与偏见》想讲的并不是年轻女孩被诱拐的故事，而是她们的姐姐们的困窘。正如班纳特先生有可能去世这件事被加以喜剧性处理，莉迪亚的私奔也并没有任何带来毁灭性后果。不过，她的鲁莽之举给家人带来的痛苦，还是得到了非常细腻的描绘。《傲慢与偏见》尽管充满兴致勃勃的幽默色彩，却也深刻关注着女主人公们的情感，并以她们对不同处境截然有别的反应作为小说的真正核心。读者们可以因为层出不穷的幽默转向，或者因为令人惊叹的生动对话而掩卷微笑；可以倾慕情节上的娴熟架构，或者句式的优美动人；可以借此对英国社会缺陷展开进一步思考，或者关注故事中若隐若现的战争背景——不过，所有喜欢《傲慢与偏见》的人，毫无例外都被其扣人心弦的故事讲述方式深深吸引。书中固然不时拿班纳特夫人那句如今已无人不知无人不晓的金句“每个有钱的单身汉都想娶个太太”来打趣，但是几乎没哪个读者不会因为最后的大团圆结局而心满意足。《傲慢与偏见》有很多层面可供展开分析，但是，就像《理智与情感》一样，它本质上仍是一则爱情故事。只不过，与之前出版的《理智与情感》相比，《傲慢与偏见》通篇洋溢着欢乐之情。

第7章　《曼斯菲尔德庄园》和《爱玛》：1813—1815

简·奥斯丁对于写作之投入，绝非寥寥几笔可以形容。虽然，侄儿的回忆录把她描绘为一位谦逊的姑妈，一听到有客人来，就会立刻抛下写作，仿佛为客人备茶、陪客人聊天，对她来说就像在纸上描写这类场景一般重要，不过她自己的信函里却完全是另一幅情景。姐姐信中对于《理智与情感》的写作进度的亲切问候，引来了一个不同寻常的比喻式回答："不，我再忙也不会忘记考虑《理智与情感》。就像做母亲的不会忘掉吃奶的宝宝一样，我时刻把它在心头惦记。"① 两年后，简·奥斯丁再度用这个比喻来形

①《简·奥斯丁通信》，第190页。

容《傲慢与偏见》的出版："有一个消息要告诉你：我终于接到了我来自伦敦的宝贝娃娃。"① 这些评论在信函中分外引人注目，因为它们一反常态，直言了她的真实情感，而没有用嘲讽、自嘲或者荒诞喜剧来遮掩之。这位年近四十、似乎无望生儿育女的未婚女性投身于小说，毫不迟疑地把作品比喻为自己的宝宝；从她给卡桑德拉的信中谈论《傲慢与偏见》的语气，我们可以看出，写作带给她无限的情感慰藉。

简·奥斯丁没有做过母亲，不过她对于教育，对于小孩成长时会受到的影响，都始终不乏兴趣。爱德华有不少子女，奥斯丁的母亲成日念叨着他们，而詹姆斯和弗兰克的孩子们住得离乔顿小屋更近，频频来访。简·奥斯丁最大的两位侄女，安娜·奥斯丁和范尼·奈特（1812 年爱德华继承产业之后，她跟着改了姓氏）现在正好与达施伍德姐妹和班纳特姐妹一般年纪，所以她有大量机会来近距离观察青春期和初入成年期的女孩们。陪着侄儿侄女们一起成长时，简·奥斯丁或许难免也会想到自己的童年，意识到自己年轻时和年长时的相同和相异之处。她变了吗？卡桑德拉呢？詹姆斯呢？其他兄弟姐妹呢？人为什么会变成日后那位成年人？物质或环境在这个过程中有多大的重要性？个性是天赋秉性，还是教育、家

---

①《简·奥斯丁通信》，第 210 页。

庭、背景和收入的综合影响所致？或者，是由个人的独特经历决定？

这些问题在过去的世纪里，曾引发许多伟人的思考，现在也依然令人争论不休。一如既往地，简·奥斯丁的解答并非纯然理性，而主要是想象性的。她习惯从人性出发思考问题，对各种文章每每充满激情地做出回应，哪怕它们的主题并不吸引人，比如派斯里上校的《论大英帝国的军事政策和机构》（“我挺喜欢这位作者，就像喜欢克拉克森和布坎南一样，”她在 1813 年 1 月 24 日写道）。她思考政治或者理论问题时，总会迅速将它们转化为她那些想象性角色们的言论和行为。她少年时代上历史课时，每每同情那些受伤害的王后们，对于那些可恶的国王们则是义愤填膺。现在，她不再那样肆意放任自己的想象力了，不过将枯燥的事实和论点转变为扣人心弦的人类戏剧的能力依然不改。她的小说的重点在于，在一个精心营造出来的纸上世界里，创造出可信的人类形象。不过，写作《曼斯菲尔德庄园》时，她知道可以借助对人类行为的深入观察来论及一些更大的话题。

1812 年，《傲慢与偏见》出版合同签毕，简·奥斯丁便考虑起下一部作品。她没有探入旧日之作的百宝箱，修订《苏珊夫人》或《瓦森姐妹》，而是展开了一个全新的故事，用它来探讨教育、家庭关系和出生背景对人生的影响。她没有放弃早些年的想象性积累，不过并不是对 20 年前的故事加以重写，而是对斯蒂文顿或者南安普敦的回忆进行了创造性运用，在脑海中重访老朋友们和自己从前住过的英国乡村宅邸。她仍旧对关于姐妹们的故事颇为在意，不过现在她的注意力从结婚的紧迫感转移到了它的后果，为此，她想象出了三位沃茨小姐的不同人生。夏洛特·卢卡斯的妙语，“幸福的婚姻纯属运气”，在《曼斯菲尔德庄园》中，通过对三姐妹和她们各自婚姻的观察得到了测试：玛利亚俘获了托马斯·伯特伦爵士；姐姐紧接着嫁给了牧师诺里斯；接着是弗兰西丝和普莱斯中尉冲动的秘密联姻，后者是一位不得志的海军低级官员。三姐妹中，两位是为爱而结婚，但其中一位轻而易举地过上了奢侈的生活，另一位却频频怀孕，不得不靠微薄收入养活一大家人，困苦不堪。当时的经济和社会差异，曾在《傲慢与偏见》中引发了大量关于势利眼、趋炎附势和垂涎高级庄园者的挖苦笑话，现在，它们却充任起一部远没有那样“轻快明朗、卖弄唇舌”的小说的主要框架。弗兰西丝·沃德为自己不幸的一时冲动付出了沉重代价：她婚后的姓氏“普莱斯”让人不断想到她犯下的错误①。

简·奥斯丁是一位深思熟虑的写作者，绝不会仅仅满足于将物质条件和幸福与否挂钩，做点简单比较。节奏明快、言简意赅的开篇之后，紧接着就是对曼斯菲尔德庄园

① 普莱斯在英文中意为“代价”。——译注

可怜的小范尼，《曼斯菲尔德庄园》插图，
1880 年休·汤姆逊绘制

的介绍，文字节奏变得缓慢，形容无微不至。通过详尽的叙述，尤其是对下一代人的聚焦，小说让读者做出最初的判断。一个孩子被投入不熟悉的环境，在奥斯丁家族始终是一个颇为敏感的话题。简·奥斯丁让“只有 10 岁的”范尼·普莱斯搬离朴次茅斯的家，这个情节足以引起一系列痛苦的个人回忆：爱德华被奈特一家收养；乔治永远的被驱逐；她自己离家求学以及随后的遭遇。不过，简·奥斯丁书写这个离开家庭、迷失在姨妈的辉煌大宅里的孩子的痛苦时，达到了新的叙述水准，既表现出对脆弱的女主人公的深深同情，又对于她周围那些并不讨喜的角色加以冷嘲热讽。范尼·普莱斯也许无法保护自己，不过叙述者随时会用挖苦的旁白帮她打败那些压迫她的人。

小说对于弗兰西丝·沃德错误的爱情选择似乎并不同情，不过，很快我们发现，她的姐姐们的孩子们在优渥的条件中长大，却也没有因此就确保人格的健全。小说的中心讽刺之一正在于，普莱斯夫人显然错误至极的婚姻选择，到头来还是让她拥有了范尼、威廉和苏珊这样的好孩子，他们在小说中显然比那些被宠坏的表亲们出色得多。不过，如果说奥斯丁没有将财富等同于善良，那么她也不曾支持托马斯爵士最后的认识，所谓“早年的艰辛和困顿，以及生来就要忍辱奋斗的认识，其实不无裨益”。托马斯爵士的二儿子艾德蒙，虽然没有父亲突然之间认定促成了年轻一代普莱斯的出色品质的那些磨难经历，却也同样成长为身心健康之人。从故事的结尾来判断，显然老一代人和他们的孩子们一样，都急需一份正确的教育，而且小说中描述的大多数不快乐，其实真正的源头都是不负责的家长。亨利·克劳福德被“过早的放任自主和糟糕的家庭影响而毁掉”，而茱莉亚·伯特伦比妹妹稍微高尚一点，又恰是因为诺里斯夫人“比较不喜欢她”，使得她“较少得到恭维，不曾被宠坏”。

尽管《曼斯菲尔德庄园》明白指出了过度宠溺小孩的不幸后果，不过它也表明，关于什么才是好的教育或者怎样才算一个好人，并没有简单的答案。范尼是颐指气使的亲戚们的受害者，小说对她不乏同情，但这位女主人公并没有像伊丽莎白·班纳特一样人见人爱，简·奥斯丁本人将后者形容为“小说中有史以来出现过的最迷人的人儿”。[1] 许多读者对于范尼和艾德蒙的一本正经、他们对于淘气玩笑或者私人戏剧演出的不适，以及他们最终的表白的含糊其辞，都有点不知所措。范尼对亲生父母家里的吵闹畏惧不已，回到曼斯菲尔德庄园后，对于它的宁静倍感亲切（尽管此地也不乏许多缺点），她还不断对这里众多的居住者和客人评头论足，这些都不会让对才智平平、缺乏活力的她感到失望的读者们更喜欢她一些。在《曼斯菲尔德庄园》中，简·奥斯丁拓展了小说家的写作范畴。她不再仅限于取悦有限的、只需要被逗乐就行的家族读者，而是尝试起了另一种类型的小说。在下一部作品中，她进一步刻意创造出一位“除了我没有人”会真正喜欢的女主人公，不过，不去取悦读者的做

范尼与埃德蒙，《曼斯菲尔德庄园》插图，1940年代约安·哈萨尔版画

① 《简·奥斯丁通信》，第210页。

法，其实在《曼斯菲尔德庄园》中就已充分展开。[①]

作为一位成熟的小说家，简·奥斯丁不会把作品写成隐藏的自传，不过她确实从这些年积累的丰盛的回忆库里汲取素材。伯特伦-克劳福德的家庭剧院场景便取材于她早年在斯蒂文顿观看戏剧排演的记忆。不过，这些回忆片段在《曼斯菲尔德庄园》中起到了许多不同的作用。它们帮助引入新角色，并揭示之前人物的不同方面，推动情节发展；此外，它们也趁机揭开了对于艺术本质的复杂探讨，展示着戏剧对小说的辅助功能。艾德蒙对于由“一群缺乏教育、话不得体的男男女女胡乱写出”的时髦的私人剧作持保留意见，借助这一情节，这部小说的主题，也就是阶级、教育和个人选择，得到了前所未有的强调。不管简·奥斯丁本人回忆中的家庭剧院是怎样的，在这部小说中，家庭剧院都被谱成了一段优美的插曲，巧妙地与千丝万缕的细节连接起来，个人经验的原始材料被娴熟睿智的作者编织成了精致的艺术品。

类似地，关于威廉·普莱斯的升职，以及朴次茅斯各种各样船只的描写，在很大程度上均取材于对投身海军的弗兰克和查尔斯·奥斯丁的回忆。不过，小说写到海军，并不仅仅出于家族原因。走南闯北的威廉对于绅士们的缺点发表了一番议论。他兴奋地描述自己的冒险生涯，居然

① 奥斯丁对艾玛·伍德豪斯的评论见 Austen-Leigh，《回忆录》，第 119 页。

令亨利·克劳福德前所未有地展开反思："豪情满怀、报效祖国、建功立业、历尽艰辛……相形之下，他为自己的自私狭隘羞愧不已；他真希望自己也能像威廉·普莱斯一样。"简·奥斯丁塑造威廉时，一方面暗暗向自己的兄弟们致敬，另一方面也是在更为广阔的层面上，批判当时的阶级结构、遗产制度和个人的社会义务感。她将那些参加海军的人，与那些生来富贵的人展开仔细的对比，逐渐表明，《曼斯菲尔德庄园》对经济的关注，既是在家庭层面上的，也是对社会层面而言。简·奥斯丁是一位成熟的写作者，固然对家族忠心耿耿，却绝不会因此而停止对当代社会弊病的敏锐观察：一方面，她对海军军官候补生威廉·普莱斯展开正面描写，另一方面，她又拿他与远不如他正直的父亲，以及克劳福德家那位贪图享乐的海军元帅舅舅构成了鲜明对比。

如何正确运用财富，这个问题整个18世纪都被作家们兴致勃勃地讨论着。鉴于法国大革命和旋即出现的摄政危机，此刻这一问题变得更为急迫。1813年，简·奥斯丁写作《曼斯菲尔德庄园》时，人们已开始口口相传摄政王子的奢侈生活。那些一掷千金的宴会和奢侈无比的建筑的传说令臣民们目瞪口呆，尤其是，此时许多人为了勉强糊口，不得不在恶劣条件中长时间地工作。漫长的英法战争期间，有人甚至担心，摄政王子享受着六道大菜盛宴的同时，这个国家的食品供给正在枯竭，穷人早晚会饿死。此外，最近的废奴斗争让公众意识到，不列颠的繁荣昌盛，部分是建筑在对人类最残酷的一种剥削之上。一方面，拿破仑在海外攻无不克，对英国形成了巨大威胁，全不列颠万众一心，同仇敌忾，另一方面，英国人却也不断地交头接耳，对于本国内政满腹狐疑。

简·奥斯丁的小说聚焦于小家庭内部，似乎与当时的大环境无甚关联。不过，从她在私人信函中的评论，我们可以发现，她其实非常关心当代政治问题中那些人为的方面。比如，她对摄政王子的不喜，在对威尔士王妃的同情中表达得淋漓尽致（“可怜的女人！我一定会始终支持她的，因为她是一位女士，也因为我憎恨她的丈夫”），而对于废奴运动的强烈支持，也在她对废奴斗士托马斯·克拉克森[1]的“爱意”中展露无遗。[2]《曼斯菲尔德庄园》不曾直接论及国事，不过，在对于私有经济优缺点的想象性探讨中，它触及了公众密切关注的一些话题。舅舅从安提瓜回国之后，范尼·普莱斯向他打听奴隶贸易的事，他避而不答，倒是对景观花园、室内装饰或布道之类时髦话题滔滔不绝。由此，这部思路严谨、行云流水的新小说中，靠着字里行间那些现实主义的细节，实际上也表达出对于更大意义上的世界的关注。毕竟，托马斯爵士的不幸（“长子

① 1760—1846，英国废奴主义者，推动了1807年的英国《废除奴隶贸易法案》的通过。——译注

②《简·奥斯丁通信》，第207，216—217页。

挥霍无度，最近西印度产业的损失更是雪上加霜”)，应该与乔治三世在比较清醒时总要操心的那一类烦心事其实并无不同，而古老的继承制度一旦变更，带来的改变是翻天覆地还是无伤大雅，这不仅对拉什沃思先生的索瑟顿庄园是一个重要问题，对英国宪法而言也是至关重要的。

《曼斯菲尔德庄园》并非一部政治小说，写作目的并非展开论战，它的故事也绝无寓言性质。不过，借助精心安排的细节和彼此冲突的角色，它证明了，一部小说可以做到面面俱到。像《理智与情感》和《傲慢与偏见》一样，它拥有一个强大的情节，有着出色的喜剧性描写和对于鲜活生动的角色们的深刻理解，不过，它也提供了一个以实际行动来测试当时流行的各种思想的新平台。《诺桑觉寺》中所设想的、现代小说可以具备的各种高端的理想功能，至此已经迅速得以实现。

简·奥斯丁对社会经济基础的兴趣，毫无疑问与她本人的处境不无关系。她的很多朋友和亲戚都继承了丰厚的产业，但她本人与伯特伦家的女儿们不同，并非生于一个富裕、拥有大量田产的人家。父亲去世后，简·奥斯丁多年来都住在租来的房子里，全靠兄弟们的仁慈之举，才有了一个稳定的住所。小说接二连三地斩获成功，让她平生头一回拥有了收入，因此获取了全新的自信，也换了一种视角来理解独立概念。在《曼斯菲尔德庄园》中，她集中关注的是穷亲戚问题，然而在下一部小说中，她转而从富有人群的视角，对财富、权力、责任、教育和出身等等问题展开探讨。介绍艾玛·伍德豪斯的第一句话是这样写的："俊秀、聪慧、富有。"这几乎就像让范尼·普莱斯又变成了玛丽·伯特伦。

不过，读者们无须翻开书页，也足以感受到《艾玛》与奥斯丁早期作品的天壤之别：它换了新的出版商——时髦的约翰·莫瑞出版社，而它的题献也同样令人吃惊："致摄政王子殿下"。《艾玛》显然享受到的是超级优待，它就像书中的女主人公本人一样，独一无二、天下无敌。不过，尽管简·奥斯丁对这部新作不乏自信，而且莫瑞旗下的作家中不乏拜伦勋爵这样的名人，但是她其实无心利用自己作为文学新贵的良机。《艾玛》题献给摄政王子，并非因为简·奥斯丁想要恭维未来的国王，而是因为他本人主动表示是她的仰慕者。她之前的所有小说都是匿名发表的，不过，《曼斯菲尔德庄园》出版之际，她的作者身份已经众所周知。尤其是亨利，他听说妹妹的大作引起广泛关注，简直无法保持沉默——正如简·奥斯丁给弗兰克的信中描述的，"亨利听说《傲慢与偏见》在苏格兰得到了罗伯特夫人、科尔和另一位女士的好评，出于兄弟的虚荣和爱意，他还能有什么别的选择呢？他立刻就告诉了她们作者是谁！"① 她显然颇为矛盾，一方面这个巨大的秘密一旦泄

①《简·奥斯丁通信》，第 241 页。

露，就再也无法收回，另一方面亨利对她的成功如此自豪，又令她颇为感动："什么事情一旦被透露出去——天晓得它会怎样迅速地传播开啊！——而他，这位亲爱的人儿，已经不止一次这样透露它了。我知道他这样做，完全是出于关爱和偏袒而已。"几个月前，伊莱扎因为癌症去世，所以亨利此刻无论做什么，奥斯丁都会原谅他的。不过，她对于弗兰克尊重她的心意而保守秘密的做法显然更为感激。正如她在摄政王子的图书馆长召唤她去卡尔顿宫[①]时意识到的，公众的认可未必纯然是一种美事。既然未来的国王陛下表示自己纵然位高权重，依然不吝屈尊充当她的支持者，她也只得将新作题献给他了，不过，对此堂而皇之之举，她最亲的家人想必只会报之一哂，因为这会让他们想起她早年那些充满戏仿色彩的逗趣题献。毫无疑问，对于此时的境况，作者本人也会暗暗觉得好笑

摄政王子，后来的乔治四世，托马斯·劳伦斯绘制

① 摄政王子的居所。——译注

吧：一部背景设置在英国的偏僻一隅的小说，竟然引来了堂堂王室的垂青。

《艾玛》是一部退隐乡间的小说，伦敦、巴斯和里士满都变成了遥远的去处，只在人物从中央舞台退场时偶尔提及。与之前那些颠沛流离的女主人公们相比，艾玛在整部小说里基本上都待在家中，至多只在几英里范围内旅行。不过，在简·奥斯丁的所有主人公当中，艾玛·伍德豪斯是最不曾闲着的一位。《曼斯菲尔德庄园》的开篇介绍了众多将为叙述增光的人物，《艾玛》却从一开始就完全聚焦于女主角。这位女士像伊丽莎白·贝内特或者玛丽安妮·达施伍德一样，都是家中小妹，但她在奥斯丁小说中的形象却是前所未有的，大量叙述都是基于她对于周边人物自信满满、却每每错得离谱的理解来展开。和之前一样，这部小说也关注命运问题，借助哈瑞艾特·史密斯、简·费尔法克斯、维斯顿夫人和贝茨小姐这些角色探讨了女性独立话题。不过，叙述焦点始终稳稳地安放在艾玛·伍德豪斯身上：她家境优裕，不必面对简·奥斯丁之前那么多女性角色为了经济缘故不得不结婚的难题。“通常诱使女性结婚的那些原因，我一个也没有，”她对哈瑞艾特宣布，“我不缺财产；我不需要工作……我相信结婚的女人对她们丈夫家宅的掌控，还没有我对哈特菲尔德庄园的一半多呢。”听到艾玛的这番自信言论，简·奥斯丁的读者们估计都和哈瑞艾特·史密斯一样目瞪口呆。这是一位全新的女主人公，自打1815年12月露面以来，始终令读者们心潮起伏。

艾玛相当确定自己的独立，不过她也和所有前任一样，对于婚姻问题极感兴趣。只不过，她关心这个话题并非仅仅为了自己。小说以艾玛的女教师的婚礼之夜开场，艾玛对于亲自促成了这场婚礼颇为自豪（“是我牵的线，你知道”）。两章不到，她已经冲着哈瑞艾特·史密斯发挥起了牵线本领，后者因此陷入的迷恋和随之而来的失望构成了小说的主线之一。艾玛决意为哈瑞艾特寻找丈夫，同时又不断否认自己对男人的吸引力，这个安排展示出简·奥斯丁对于欲望置换这种心理特征的敏锐洞察。小说的大部分喜剧效果以及最终的皆大欢喜结局来自艾玛对于自身情感显然没完没了的误解和最终的认清。女主人公的极度自信和不断误读两相结合，产生了一种新的喜剧效果，它令聪慧女性角色也有了不断充任笑话主角的可能。

简·奥斯丁在《傲慢与偏见》中已大量尝试过月老角色的喜剧潜力，不过班纳特夫人的能量仅仅表现于对话和场景中，她的思想只能由她的发言来揭示，可艾玛却可以任由自己浮想联翩，并且一心用自以为是的能量来影响周围所有人的生活。有时，她在这部关于她本人的小说里，几乎像是一位小说家一样，为哈瑞艾特安排着求爱者，却无视这位朋友的现实条件、魅力或者情感。她对于充任一位“想象家”颇为得意，甚至时刻准备“与深思熟虑和深谋远虑开战”，最微不足道的信息也会迅速在她那急切的头脑中变得重要无比。在艾玛的想象中，小事被放大、牢牢记住，她将生活转变为小说的欲望在频频地重复“哈瑞艾特和吉卜赛人的故事”的做法中暴露无遗。

如果说，《诺桑觉寺》考虑到了读小说和解读直接经验之间的关系，《艾玛》则进一步拓展，探索起了想象性创造的本质问题。简·奥斯丁以远比从前微妙的方式，再度展现出对于文学创作经久不衰的兴趣。昔日她曾对哥特风格进行精致戏仿，现在这种喜好凝练为几段关于艾玛害怕贝茨小姐“往庄园乱跑”的简短笑料。她分外在意的不再是如何写出成功的小说（这个问题她已经解决了），而是关注创造性思维的来源和过程本身。她开发了一种叙述手法，让读者在没有对话辅助时也能分享女主人公对于某个场景的看法，以此，她前所未有地精细呈现出女主人公的思维过程。有时，艾玛的思绪以直接的内心直白来表现，比如：“再也没有能和心灵之温柔相媲美的魅力啦，”她事后对自己总结道。有时，奥斯丁又采用出色的、自由的非直接风格，让全知全能的叙述者退场，由艾玛的思绪不知不觉间接手叙述：“艾玛带着调皮的表情，急不可耐地想要开口，但立刻又停下了——反正，一下子知道最糟的结果反而更好……”

小说聚焦于女主人公，细致地追踪意识的发展，让读者们随时跟上那种“巧妙的、活跃的怀疑”，它在听到贝茨小姐无意中谈及侄女与迪克森一家的友谊之后，便涌进艾玛的脑海。这个想法又因为简·费尔法克斯随后的沉默和弗兰克·丘吉尔的好奇而益发加深，以至于艾玛觉得，她想象中的柔情变得十分真实，似乎比周遭的实际情况真切许多。简·奥斯丁细致地描写这些令艾玛念念不忘的细节，让读者们趁机一窥想象力发挥作用的过程。艾玛并不像凯瑟琳·莫兰德通过图书馆里的书来解读世界，但她也有同样强烈的想象性反应，每每也导致误会连连。艾玛的想象来源并非古代哥特小说，而是她的生活圈子，因此，她和你我其实无甚差别，所犯错误也多为凡人之举。许多读者也许立刻就看出她对迪克森先生的误解，但很少有人能不对贝茨小姐的长篇大论感到厌烦，因此，也大有可能像去博克斯希尔做客后的艾玛一样，对于自己的判断的局限性大吃一惊。

艾玛的想象每每引向错误，但她也因此成了一位活生生的角色。父亲总是只给客人提供很少一点最寻常的食物，可艾玛却殷勤待客，喜欢“让客人们宾至如归”。她的独立感和想象力的自由让她慷慨大方、乐天逍遥，哪怕有时也一意孤行、自以为是。艾玛热爱生活，拥有一种难得的自得其乐的能力。她在海布里等待哈瑞艾特来帮她挑花布的小场景表明，她的想象力实在是远远利大于弊的：

> 她注意到了一位端着托盘的屠夫，一位整洁的、从商店里满载而归往家走的老妇人，两只为了一根脏

兮兮骨头争斗不休的杂种狗，还有一群在烘焙铺的小窗前晃来晃去、盯着姜饼看的娃娃们，这时候，她的烦恼烟消云散了，便又开心起来。

对于伯特伦一家或者克劳福德一家[①]都不会觉得有趣的那些事物，艾玛却兴高采烈。任何东西都有可能充任炮制新故事的材料，只要观看者有一颗创造的心灵。

在《艾玛》中，简·奥斯丁赞叹着人类想象的力量，也演示出乡村生活之丰盛。她在之前的小说中嘲弄过苏珊夫人或者卡洛琳·宾利对乡村小镇的偏见，在《艾玛》中，她则对乡间大加赞美，把它描写为一片足以为想象力提供丰富资源的沃土。吉尔伯特·怀特在出版于 1789 年的畅销书《赛耳彭自然史》中向世人表明，距离乔顿只有 4 英里的这个汉普夏郡村庄虽然是个小地方，却不容忽视。与他类似，简·奥斯丁也将海布里呈现为世界的中心。不过，她最引人注目的成就还在于，她把这个想象出的小村塑造得就和她这位邻人笔下真实的村庄一样活灵活现。弗兰克·丘吉尔开玩笑说，只要在福德商店买手套，就可以变成“真正的海布里居民”，奈特利则对这番颇为高高在上的发言作出了正面反击，表示对于一个人居然会不远万里跑到伦敦去理发感到万分不屑。奈特利先生本

① 均为《曼斯菲尔德庄园》中的人物，高贵、富有，却颇为平庸无聊。——译注

人在伦敦“闹哄哄地、没完没了地”待了几天，终于回到家乡，倍感欣慰，这一情节实在堪称简·奥斯丁去切尔西拜访亨利一家时感受到的都市偏见的翻转，令人动容。要理解海布里的真实价值，也许还要假以时日，不过历年来，很多读者已经感觉到，《艾玛》的世界在他们的脑海中栩栩如生，比他们所知的任何一个真实地点都要鲜活生动许多。

艾玛与奈特利先生，《艾玛》插图，1880年休·汤姆逊绘制

毕竟，《艾玛》作为一份献给摄政王子的礼物，也算是恰如其分。它的爱国情怀在艾玛对于唐威尔庄园和磨坊农场的赞美中展现无遗：“那真是一幅美好的景象——让人身心愉悦。英国的草木、英国的文化、英国的舒适，沐浴在明媚的阳光中，自然而然。”在家门口就可觅得如此愉悦，还有什么必要千里迢迢出国呢？英格兰的心灵敞开着，只要你乐意停下打量，就可以感受到。《艾玛》中的欢欣之

情，毫无疑问与拿破仑败北、关于法国入侵的长期担忧烟消云散之后举国的欣慰之情不无关联，不过，这部小说也反映出简·奥斯丁对于宁静乡间的深厚情感，它与她那种充满创造性的心灵可谓一拍即合。在写给詹姆斯·奥斯丁的女儿安娜的建议信中（后者在 1814 年也开始写小说），简姑妈祝贺年轻的女士将故事安置在“一个令我终身迷恋的场所——三四户人家构成的小乡村，是最值得一写的地方了”①。这样一种背景正是奥斯丁最为偏爱的，因为它非常有效——她相信，侄女想必也同样可以从中受益。在《曼斯菲尔德庄园》中，奥斯丁讨论了何为真正的家这个问题，而在《艾玛》中，她知道自己已找到答案，欢欣之情在字里行间处处流露。

艾玛作为女主角，也许不无缺点，而且，有时那种“孤独的高贵”会让她在美好的周遭环境中突然陷入忧郁，不过小说依然满溢着一种深深的心满意足。这是简·奥斯丁最精致的一部作品，角色众多，个个流光溢彩，大量次要人物把小说烘托得完美无瑕。关于误解和游戏、古怪和偏见、势利和臆想、错误的情感和被嫌弃的善意的种种喜剧，被编织进一个出色的框架，细致入微，令人信服。一切都安排得如此完美，以至于尽管情节颇为曲折，故事却进展得行云流水。艾玛的极度自由是真实可信的，她的世

① 《简·奥斯丁通信》，第 287 页。

界建筑在无比审慎坚实的根基上。简·奥斯丁借助这部作品提醒我们关注微小角色的重要性，以及他们对整体叙述的添砖加瓦之力。作为呈献给未来英国国王的一个健康的典范，《艾玛》实在称得上堪当其任了。

第 8 章　《劝导》：1816

在《艾玛》中，简·奥斯丁解决了许多自行提出的问题，却不经意地又要面对一个新的难题：那么，接下来写什么好呢？如此精彩绝伦的创作，可不容易继续效仿，哪怕对于一个已经臻于纯熟的作者而言也是如此。她身为作者的身份一旦为人知晓，便不断从仰慕者们，比如摄政王子的图书馆长詹姆斯·斯坦尼尔·克拉克那里，收到许许多多建议。这位克拉克先生于 1815 年 11 月 16 日来信，建议她不妨利用天赋，写一写“某位教士的生活习惯、性格和激情——可以安排他在都市和乡间轮番居住——他可以是个有点像比替的《吟游诗人》[①] 那样的人物。”她礼貌地

① 詹姆斯·比替（1735—1803），苏格兰诗人，哲学家。《吟游诗人》是他的浪漫主义诗歌代表作。——译注

婉拒了这一提议，表示她也许可以写出“这个角色的喜剧的一面……却写不出那种善良、热情和渊博”,[①] 但是克拉克先生不依不饶。到了 12 月，他甚至进一步构想着这位教士被安排出洋，“为某位著名的海军军官朋友代行求婚事宜”。[②] 他在 3 月再次来信，督促她写“一则关于克伯格议会的历史爱情故事”，这下，她没办法不实话实说了：“除非是被勒索以性命，否则我无论如何也不可能严肃地坐下来写什么严肃的爱情故事，”她在回信中写道，“此外，如果非要我紧绷着，绝不能对我自个儿或者别人来点插科打诨，我肯定没写完第一章就要断气了。”[③] 她到头来依然没有给克拉克先生寄去他心心念念的那份按照他那种善意却牛唇不对马嘴的提议写出的《小说计划》。[④]

简·奥斯丁谦逊地表明了自己在文学上的局限性和无法遏制的喜剧倾向，不过她在与摄政王子的图书馆长的通信中，也流露出不言而喻的、在《艾玛》字里行间也处处闪现的自信。“不行——我一定得遵循自己的风格，写自己的东西，”她在给克拉克的回信中写道——这封写于 1816 年 4 月 1 日的信可谓倾吐了肺腑之言。就在同一天，她也写信给约翰·莫瑞，感谢他寄来一本《每季评论》，上面刊

①《简·奥斯丁通信》，第 319 页。
②《简·奥斯丁通信》，第 320 页。
③《简·奥斯丁通信》，第 325—326 页。
④《小说计划》参见《次要作品》第 428—430 页，也参见《剑桥版简·奥斯丁大全：后期手稿》，Janet Todd 和 Linda Bree 主编（Cambridge，2008），第 226—229 页。

载了一篇关于她的作品长篇评论，作者是大名鼎鼎的瓦尔特·司各特先生。

一位在最有影响力的文学期刊上收获了严肃的公开赞许的作者，确实不需要别人为她的下一部作品提什么建议了，哪怕这些建议纯属好意。她曾长时间疑惑于自己的作品究竟有否价值，因为信心不足，甚至还在《傲慢与偏见》的版权问题上吃了亏。《艾玛》出版时，她找到一位新出版商，签订了更有利的合同条款，从此不必任人摆布。事实上，1816年初，她已成功地从克罗斯比那里赎回《苏珊夫人》的稿件，并在《每季评论》令她声名鹊起的同时，透露了这部作品的匿名作者的真实身份。不过此时，简·奥斯丁并不准备仓促推出什么作品，除非它能达到与《艾玛》一样的极高水准。她重拾《苏珊夫人》，将之更名为《凯瑟琳》，进行了大量修改，但她对这部早期之作已不再满意。

简·奥斯丁的侄女范尼，卡桑德拉绘制

1817年3月，她写信给侄女范尼，承认“凯瑟琳小姐目前已被束之高阁，我也不知道她是否还有机会重出江湖”[①]。不过，同一封信中，她也透露了一个秘密：她还在写另一部作品，且进展颇为顺利：“我已经有可以出版的玩意儿了，也许再过一年就能问世。”她所谓的“玩意儿”，指的就是《劝导》。

简·奥斯丁在1815年3月完成《艾玛》后，就开始动笔写这部新作，不过在此之前，她对此几乎一字不提。这一年可谓波折连连，在国际形势而言，拿破仑最后一次企图重登王位，惨败于滑铁卢；在简·奥斯丁本人的生活而言，亨利在秋天病危，紧接着他的银行遭遇破产。亨利的破产对于整个家族都影响惨烈：作为家人，他们自然因为他的遭遇唏嘘不已，但更要命的在于，弗兰克也是银行合伙人之一，因此，可以说家族中所有人都难逃这一事件带来的经济冲击。远在地中海东部的查尔斯似乎也分享着家族的不幸，他的战舰在爱琴海的一场风暴中失事。经过仲裁，他免除了责任，回家时心情沉郁、穷困潦倒，不得不在接下来许多年中设法洗脱战舰失事的耻辱。最糟的是，虽然当时未必有人注意到，其实简的健康已开始衰退。1816年夏天，她经常背痛、疲惫不堪，到了冬天，她在信函中乐观地宣布恢复了健康，但显然明白自己已身患重疾。

①《简·奥斯丁通信》，第348页。

曾经，战争结束引得举国狂欢，这种心情也表现在《艾玛》的欢乐气氛中；而到了 1816 年，一种吞噬一切的萧条之情甚嚣尘上。尽管如此，在伦敦照顾病榻上的亨利，在家里帮母亲处理杂务，以及在家人多次来乔顿做客时逗大家开心之余，简・奥斯丁还是成功地写出了一部小说，它像《艾玛》一样，是一部彻头彻尾的全新作品。她曾对克拉克先生直言一定得遵循自己的风格，但这并不意味着她只能重复之前的成功之路。在《劝导》中，她再度涉猎之前的小说涉及的许多问题，却得出了与所有从前的作品都截然不同的结论。

《劝导》的小说背景设置在西部，一开场便涉及失去家宅的情节，很容易让人想到《理智与情感》，不过，也许是从克罗斯比手中重获《苏珊夫人》手稿带来的激励吧，小说后半部分挪到巴斯展开，又让人觉得与《诺桑觉寺》更为相似。开篇数章中，对沃尔特・埃利奥特爵士的讽刺性描写，容易让人联想到《傲慢与偏见》中令人窘迫的父母和那些夸张的喜剧角色们。沃尔特爵士的女儿们已到了夏洛特・卢卡斯接受柯林斯先生求爱的那个年纪，找丈夫的压力（它曾令奥斯丁笔下在艾玛之前的那么多女性角色们烦恼不堪）再度被提起。同时，书中对于一位从男爵的家宅、他的奢侈花费，以及对外界对家务事之影响的津津乐道，又与《曼斯菲尔德庄园》颇为接近，小说对贵族们与海军军官们截然不同的世界观的强调也是如此。把凯林奇大厦从一位品德缺失的从男爵手中转移到一位年轻有为的海军指挥官囊中的象征手法，几乎是在延续《曼斯菲尔德庄园》的故事；简·奥斯丁着力渲染令人钦佩的哈维尔上校和克罗夫特将军的家庭生活，用它们取代了之前普莱斯上尉那种喧闹的大家庭，此举或许流露出她对时值人生低谷的弗兰克和查尔斯的关爱之情。

如前所述，《劝导》重拾了奥斯丁早期小说的几乎所有重大主题，不过在风格而言，它依然与《艾玛》最为接近。《劝导》是一部从个人叙述视角出发的小说，这个特点可以说超过了奥斯丁的所有其他作品，不过，其叙述的个人性依然是通过聚焦于女主人公的思绪来达致。在《艾玛》中，简·奥斯丁开发出从某个中心角色的角度出发展开叙述的手法，创造出许多由艾玛的思绪来负责叙述的段落，甚至，小说中许多对话都是围绕艾玛这个主题展开的。《劝导》也一样，从对沃尔特爵士及其吝啬病的外部描写迅速转到他的二女儿的秘密内心世界。安妮·埃利奥特在家不受重视，但对读者而言，她的内心活动远比她父亲的发言更为重要。《劝导》关注的是心理层面，整部小说都竭力反映着女主人公极其敏感的内心。在《艾玛》中，不断被破折号和感叹号打断的短句反映出女主人公快速、果断的思考方式。与此不同，安妮·埃利奥特的思绪则谨小慎微，由长长的、高超得体的句子加以表现，有时一句甚至占据整整十行长度。即便那些更为独立的段落，也因为采用了类似句法而与安妮的思想如出一辙：

> 他们来得太迟了，莱姆作为旅游胜地能提供的那些娱乐或者花样，他们统统赶不上了；房门都紧闭着，住客大都走了，除了当地人，很少还有什么人家会留下——此外，由于此地的建筑、城市的独特位置、几乎直通大海的大街、通向码头的小路、可爱小海湾的周边（旺季时处处簇拥着沐浴设施和人群）都无甚可看，码头本身和周遭的名胜古迹、新近建筑，还有朝向城市东面探出的、形状优美的悬崖，就充任了这位异乡人的欣赏对象了；要说有哪个异乡人看到莱姆周边的美景，居然还会对这里无动于衷，那才叫不可思议呢。

这段令人印象深刻的段落，一定是由第一手印象而来，而且显然源自简·奥斯丁 1803 年和 1804 年在多塞特郡度假地的回忆。它以生动的细节，娓娓道来地介绍着城市，克制的语调则传达出回忆往事时的沉思之情，发言者显然是一个明白自己已经姗姗来迟的人。简·奥斯丁在小海湾里成日游泳时用过的沐浴设施已经收起，在想象中重新把它们搭起——恢复记忆中的那些欢乐——的冲动，被时光不复、所有令人心醉的欢乐已一去不返的清醒意识所遏制。不过，《劝导》同时又勇敢地直面这种落差，从而展示出巨大的艺术慰藉力。

莱姆的海边胜景 1817 年左右威廉·丹尼埃尔绘制

尽管《劝导》在很大程度上沿袭了《艾玛》的革新之举，不过许多沉思的段落，比如对于莱姆的这段描述，依然让它有别于之前的小说，也表明对之前作品的回顾已经促成了全新的成就。简·奥斯丁宣称“这些地方值得人们一再访问，才能明白莱姆的价值”时，她实际上表明的是自己切身的经验，它不仅关乎莱姆一地，也说的是借助丰富的想象力来展开频频的重访和回忆的做法。写完《艾玛》，她其实回溯起了自己的生命和创作史。《劝导》既是怀旧，又不乏创新，它不断将过去和现在对比，对于变化展开着平静的，尽管每每也是痛苦的沉思，由此获得了独特风格。

《劝导》是简·奥斯丁将往昔当作重要叙述对象的首部作品，往昔之重要性在开篇第一章便得到阐明。沃尔特·埃利奥特爵士对于家谱的迷恋，以及伊丽莎白·埃利奥特“对于自己已经 29 岁的意识”（其中 13 年都忙于操持凯林奇大厦），铺垫出小说真正的关注焦点：安妮对于不开心往昔的难以释怀。27 岁的安妮比简·奥斯丁之前的女主人公们都要年长。与前任们不同，她的性格是在未曾明写的往昔中形成的。艾玛十来岁时过得无忧无虑，安妮·埃利奥特在这个年龄却忍受着失落和孤独。母亲过世，订婚失败，接连的打击都发生在小说开始之前，因此叙述一方面不断回顾那些曾经欢乐的时光，另一方面则描绘着在安妮的思绪中占据很大部分的悠长悲伤。

《艾玛》中从未出现什么具体日期，《劝导》却在第一页就宣布了主人公们的生日，接下来也始终关注他们的年龄，让读者们清楚地得知小说发生在 1814 年。安妮在温特沃斯上校陪伴下度过“短暂的欢乐时光”是 1806 年的事，这一年的夏天因为前后的战争岁月的衬托，显得分外美好。简·奥斯丁早些时候的作品也会简略提及公共大事，但从不曾将小说人物的生活建立在她亲历的动荡不宁、极富戏剧性的时代背景上。安妮·埃利奥特的痛苦，既是每个失去亲人、悲痛欲绝的人都可能有的痛苦，又因为对于国际冲突额外的恐慌之情而变本加厉。她的未婚夫在婚约取消之后出国，是去参加一场九死一生的战争。如果说，《艾玛》利用了国家重获和平之后的欢乐之情，《劝导》则反映出在此之前那许多年的惶惶不安情绪。

简·奥斯丁尝试以前所未有的方式直书痛苦，也确立了《劝导》最辉煌的特点：几乎不露痕迹的、情绪上的悄然变化。小说开始时，安妮因为多年来的痛苦负担而无力自拔，到了结尾处，她则感受到“一种过于强大的欢乐”，几乎为之头昏目眩。结局之所以如此鼓舞人心，有一个因素不能不提，那就是自始至终对女主人公的情绪异常细腻的捕捉。起初是消沉的沮丧之情，接着有一些极度痛苦的时刻，然后感受欢乐的能力逐渐出现，自信逐渐恢复，最后重拾希望和信心。白哈特旅馆那场戏，是简·奥斯丁否定了之前的结尾，谨慎地重写而成的，在她的整个作品集中，它也许都堪称情感最强烈的段落。作为显然是奥斯丁写出的最复杂、最老练的章节之一，它极其出色地把握住一屋子投身各种谈话的人物，所有这些交谈都冲击着安妮和温特沃斯上校，让他们尽管彼此不发一言，却早已心旌摇荡。最后，简·奥斯丁重拾还是小姑娘时就热爱的手法——虚拟信函。年轻时，她喜欢拿炮制出来的这些表白信大开玩笑，把书信当作戏仿写作的上好工具，现在她安排温特沃斯上校纯然发自真诚地写出了一封激情四溅的求爱信。似乎，40 岁的简·奥斯丁已乐于放下她的喜剧性自卫，允许信纸上在必要时也奔涌出一些真情实感了。毫无疑问，这让安妮·埃利奥特大为震惊，也弄得她周围的人一时陷入恍惚。

《劝导》的篇幅几乎只有《艾玛》的三分之二，但其纤瘦的体量却包含着奥斯丁小说中所能具有的最浓烈情感、叙述语气上最强烈的对比、最广阔的社会阶层、最长的时间跨度，以及家国一体、事事关心的巨大气魄。她写小人物的笔法简略利落，塑造女主人公却不吝笔墨。小说貌似处处与实际地理背景关联，其实却又似乎完全不受地域所限。奥斯丁之前的每部小说都会打发女主人公展开一次重要旅行，并让她容光焕发地平安返家，但安妮回到凯林奇大厦时，却发现她的家“已转移到比它的主人更好的手中”，自己只能从此浪迹天涯。

然而，只有等她开始朝前看而不再沉溺往事，她才可能充分完成内心转变。重访凯林奇大厦时，她意识到世界并不只限于此地，天下之大，任她前往，这时的安妮已准备好重振真实的自我。她从过去那些束缚她的影响中挣脱之后，便开始从往昔汲取经验，随时准备拥抱新生。安妮的未来的开放性，与早期小说中那些仔细安排好结局的女主人公形成对比，也与《劝导》的灵活特质一脉相承。她也许会失去熟悉的习惯和圈子，但是，在新的自由中，她又是极度快乐的。简·奥斯丁也一样，撰写《劝导》时，她发掘了自己潜在的力量。1816 年 7 月，小说杀青时，前景一片辉煌，而她正蓄势待发。不过，这部在情感上极其坦诚的作品，同时似乎又传达出一种隐隐的想法，那就是，那种备受欢呼的快乐前程，也有可能到头来，只是一场空梦。

第 9 章 《温彻斯特赛马》：1817

简·奥斯丁对于长寿并无幻想。1817 年，她已亲历了两位表亲、三位嫂子、姐姐的未婚夫和表妹的丈夫的猝然离世。她送别了父亲，又为姑妈们和朋友们操持了身后事。她的信中时不时提到死胎、流产，分娩时不幸去世的母亲们，出生不久便夭折的婴儿们。她在母亲和大哥病重、几乎送命时都亲自照料；她此刻甚至还祈愿着小侄女哈瑞艾特备受折磨的生命可以早点解脱，后者患了不知名脑疾，令查尔斯·奥斯丁痛苦不堪。不过，在她的小说中，死亡却从来不曾得到正面描写，仅仅作为某种情节安排出现，以便推动新的可能性，让活着的角色们的命运得以转机。有时死亡近在咫尺、令人不安——玛丽安妮·达施伍德卧病不起时，曼斯菲尔德庄园的汤姆·伯特伦高烧不退时，或者《劝导》中在码头的硬石台阶上——不过，每次死亡均被击退，气氛再度活跃，故事继续进展。大多数时候，疾病甚至带来喜剧效果：班纳特夫人的神经质和伍德豪斯先生的焦虑症，都只会逗人一笑而不是令人伤心。即便简·奥斯丁本人，在病情日益严重之际，本该放弃写作、好好修养才是，可事实上正相反，她又写起一部意在嘲讽当代医学的新小说。

《劝导》中，路易莎从墙上跳下，摔倒在硬石台阶上，奄奄一息，1880年休·汤姆逊绘制插图

在《劝导》中，她以诗意优美的文笔，写下回忆多塞特郡海岸线的许多出色段落，不过在《桑迪顿》中，海风变得粗暴起来。那个一夜之间被帕克先生“策划、建造，赞美、欢呼、抬升……到某种著名的新生事物地位”的萨

塞克斯郡小村庄，截然有别于对莱姆的伤感追忆。[①] 帕克先生因为新产业选址在“特拉法尔加宫”而懊恼不已，不经意间一语道破了名气那种转瞬即逝的性质（“现如今滑铁卢更时髦啦”），这似乎已经不是沿袭着华兹华斯的《丁登寺》，而是指向了日后拜伦的新诗《唐璜》的方向了。在《劝导》中，表面上的嘲讽实则蕴含着对浪漫爱情的向往，但是就《桑迪顿》而言，即便从现存的残篇简章中也能看出，在关于胆囊炎和风湿病的简短交谈之下，似乎并没有蕴含着什么深沉情感。在《艾玛》中，一场精彩的喜剧辩论针对绍森德和克罗默尔各自的优势而展开，其中伍德豪斯先生和奈特利都宣称自己的医生更好。在《桑迪顿》中，关于医疗问题开的玩笑可就远没那么委婉了，参见帕克先生对于桑迪顿的新鲜空气和深海水可笑的狂热吹嘘：“它们可以治痉挛，可以治肺病，可以治感染，可以治胆病，可以治风湿病。在海边没有人会感冒。海边没人会缺乏食欲。没人会精神不振，没人会全身乏力。”事实上，简·奥斯丁此时亟需的灵药，在这部她挣扎着写作的小说中，恰好都呈现为这类空洞许诺。就连爱德华·德哈姆爵士引用彭斯诗句来引诱夏洛特的滑稽之举，也不乏几分忧伤的嘲讽之意，因为彭斯本人正是为了治疗重疾而进行海水浴，结果死于高烧。在《桑迪顿》的喜剧背后，隐藏着这样的认识：

---

①《桑迪顿》(Sanditon)，《次要作品》，第 371 页。

人类无论投入多少力量、金钱或者希望于医疗，到头来依然必须面对生命终有尽时这一真相。帕克先生再巧舌如簧、大肆吹嘘，终究也只能宣称海风和海水浴“几乎”包治百病，到头来弄得不攻自破。

1817年年初的信中，简·奥斯丁依然一副开心爽朗的口气，向范尼保证她已“彻底好了，差不多可以四下走动、呼吸新鲜空气了”。其实她的健康正在恶化。[①] 5月，埃尔顿的药剂师自觉已无法遏制她那些剧烈的发作和极度的疲乏症状，温彻斯特的名医莱福德先生被请到乔顿。事后看来，她得的要么是艾迪森氏病[②]，要么是某种癌症，注定不可能有所逆转。不过，奥斯丁一家还是一厢情愿地觉得看到了希望——他们相信莱福德医生已创造奇迹，正在“逐步驱除病魔”，因此简应该亲赴温彻斯特，继续接受他的治疗。[③] 她的老朋友伊丽莎白和阿莱西·比格住在温彻斯特的教堂院子里，他们帮奥斯丁姐妹找到一幢位于学院街的不错的房子，简可以在那里一直住到痊愈。“我现在真成了个听话、便携的残疾人啦，”5月里，她提到即将展开的16英里马车旅行时如此自嘲道。[④] 不过她仍旧相信“天意”已让她大大恢复，并以经典的睿智幽默口气补充道，

---

①《简·奥斯丁通信》，第348页。

② 又称原发性慢性肾上腺皮质功能减退症，是一种罕见的内分泌或荷尔蒙障碍，患者有体重减轻、肌肉无力、虚弱、血压降低及皮肤变黑等症状。——译注

③《简·奥斯丁通信》，第356页。

④《简·奥斯丁通信》，第356页。

“但愿我被召去他面前时，能够比现在壮实些！”

新住所可以俯瞰温彻斯特大学校长的花园，透过凸窗，还能听到学生们的喧嚣声。大街对面，是大教堂院子那高大的灰墙，燧石建成，屹立不倒。大教堂雄伟壮观，钟声传来，提醒她及时祈祷，也抚慰着她的心灵。医生总是说着鼓励之语，但是简·奥斯丁很清楚自己已经病入膏肓，开始做一些必要的准备。4月27日，在迁往温彻斯特之前几周，她写了一份遗嘱，除了一些小礼物之外，其余一切都留给她“温柔、细心、不知疲倦的护士”[①]卡桑德拉。想到自己亏欠姐姐和她亲爱的家族中“所有人的热切关心”，她承认“我只能痛哭失声，并祈祷上帝更多地保佑他们”。[②]倾吐出这些情感之后，过了六周，她又遭遇了一次发作，从此基本上昏迷不醒。两天后，1817年7月18日星期四，她在清晨4点半去世。

对卡桑德拉而言，简的去世无异于灭顶之灾。“她是我生命的阳光，”三天后她写道，“就好像我自己的一部分也死去了。”[③]葬礼在7月24日星期四清晨举行，以便赶在大教堂的第一次礼拜仪式之前结束。参加葬礼的有爱德华、亨利、弗兰克和詹姆斯的长子，詹姆斯·爱德华。失去亲人令奥斯丁一家悲痛欲绝，哀伤之情在温彻斯特大教堂地

①《简·奥斯丁通信》，第355，358页。
②《简·奥斯丁通信》，第355，358页。
③《简·奥斯丁通信》，第359—360页。

板上嵌着的巨大黑色墓碑上表露无遗，“他们亲情难断，悲伤欲绝”，“哀痛之情绵延余生”。令人动容的铭文还写道，“她心灵仁慈，脾性甜美，头脑敏锐”，亲人们“爱她至深”。不过碑文对她的写作一字未提。

这块纪念碑颇有点对简·奥斯丁的生平一锤定音的意味，不过她本人留下的遗言却完全是另一派风格。就在去世前三天，她口述了一首诗给卡桑德拉。此时盘旋在她心中的是大教堂——墓地和祈祷者、拱顶天花板和弧形通道、坐落在高高祭坛后头的圣施维德神龛。不过，简·奥斯丁写下的并非一首虔敬之诗。她的想象力飘向关于圣施维德日的古老传说——此地如果7月15日这天下雨，接下来整整四十天都会阴雨连绵。该传说源自971年7月15日，圣施维德的圣骨从墓地迁往大教堂里的神龛时的记载。1817年的圣施维德日，卧床不起、奄奄一息的简·奥斯丁注意到温彻斯特赛马就在这天举行，不由好奇那位“老圣人”对于赛马的时髦游行队列会做何感想。她身体衰弱，可头脑依然清醒，充满生机勃勃的想象力，后者淋漓尽致地表现在下面这段描述圣施维德从神龛中一跃而起，跳上大教堂屋顶，冲着赛马者们发表的高论中：

“哟，不听话的臣民，哟，堕落的温市，
我们被埋下地，你们就以为，我们死翘翘啦，
可是瞧啊，我必永生！——你们被邪恶摆布，

犯了罪，必须遭点殃。——接着他宣布道，
你们用这些赛马、狂欢、放荡之举
毁掉了附近好生生的平原
自作自受吧——想快活，就遭殃
尽管出发，我用雨水来追赶。
你们想必知道，七月归我管辖
从现在开始，让我好好露一手
随便赛场挪哪里，地面永不干
温市的诅咒，便是整个七月雨绵绵。”①

依旧特色宛然地，简·奥斯丁的绝笔之作，是一首关于英国天气的谐趣诗。

① 见《后期手稿》（Later Manuscripts）第 255 页，编辑对于现存手稿的讨论（它们均不是简·奥斯丁亲自抄写的）见该书第 738—739 页。

第 10 章　难忘简·奥斯丁

“我必永生!”简·奥斯丁如此形容这位拒绝隐姓埋名、长眠地下的圣施维德，不过，对于自己的声名，她却未必有如此信心。在她的时代，她可谓大获成功，但直至 1817 年，她选择的写作类别仍被视为相对次要，尚未跻身严肃文学殿堂。19 世纪，随着小说声望日长，简·奥斯丁的文学地位随之抬升。虽说诸如夏绿蒂·勃朗特[①]这样的作者多少有点高深莫测之嫌，简·奥斯丁的小说却始终备受欢迎，日益吸引着广大仰慕者，后者中不乏各行各业的成功人士。在著名作家、编辑、评论家、乔治·艾略特的合作

① 1816—1855，英国女小说家，代表作《简·爱》，与两个妹妹，即艾米莉·勃朗特和安妮·勃朗特，在英国文学史上有“勃朗特三姐妹”之称。——译注

伙伴，乔治·亨利·刘易斯看来，简·奥斯丁的小说不可能被遗忘。1859 年，他宣布道，“斯人之作，青春永驻，无可替代。”① 这一预言果然成真！19 世纪末，简·奥斯丁的小说已出版了各种版本，大多装帧精美，附有插图，重要的评论家们纷纷宣称她不啻为英语散文界的莎士比亚。甚至关于她的追随者们，也冒出了一个新词：《牛津英语词典》在 1896 年就收入了“简迷”这样一个词条，20 世纪早期，随着她的作品和她本人的仰慕者日益增多，人们又炮制出“奥斯丁迷”和“迷恋奥斯丁者”两个术语。

简·奥斯丁去世几个月后，哥哥亨利为新版《诺桑觉寺》和《劝导》写了一篇简短却亲情盎然的“传记性说明”，首度引起读者们对奥斯丁本人生平的兴趣。1833 年，奥斯丁作品全集出版时，他对这则篇幅不大却非常重要的文字又进行了修订。不过，直到 1870 年，才有一部关于简·奥斯丁的较长的传记出版，作者是詹姆斯·奥斯丁的儿子，詹姆斯·爱德华·奥斯丁-雷，1817 年在姑妈的葬礼上，他是抬棺人之一。他深觉自己责任重大，设法搜集了家人对简·奥斯丁的一切尚存的回忆，为她写了一部像样的传记。《简·奥斯丁回忆》令人们对奥斯丁小说再度兴趣勃发，1871 年，它补充了全新材料（比如加进了《苏珊

① G. H. Lewes，《简·奥斯丁的小说》（The Novels of Jane Austen），《布莱克伍德爱丁堡杂志》（Blackwood's Edinburgh Magazine），1859 年 7 月，第 99—113 页。

夫人》这则令人震惊的故事）再版，进一步引起人们对奥斯丁的好奇之情。除了把这位苏珊夫人不知羞耻的道德观介绍给维多利亚的读者，《回忆》也为大家描述了一幅关于小说家本人的清晰图像——一位退隐的老处女姑妈，陪伴着母亲和姐姐在小乡村安静度日。随着评论界对奥斯丁的作品日渐重视，简·奥斯丁笔下那种住满衣着华美，除了挑选衣服和舞伴，别无其他人生难题的漂亮女孩的英国乡村形象日渐深入人心。奥斯丁离开一个世纪之后，她的小说对读者们的不竭吸引力，有了一个固定的形象来代表：动荡不安的一战期间，来自英国和美国的仰慕者们在简·奥斯丁的乔顿故居为她树起一块纪念碑。战后不久，R. W. 查普曼展开对简·奥斯丁小说的首次学术性修订，并于 1923 年由牛津大学出版社出版了其成果。简·奥斯丁作为一位重要作者的地位，显然已经毋庸多言，查普曼版本为她的作品研究奠定了一个坚实的基础，也充任了接下来数十年由无数出版社出版的那些平装本的母本。简·奥斯丁得到“第一位现代小说家”美誉，这一充满自信的断言由 F. R. 李微斯提出，影响了接下来整整一代学者和作家。1957 年，伊安·瓦特发表了充满洞见的著作《小说的崛起》，将简·奥斯丁奉为 18 世纪小说的集大成者和 19 世纪伟大英语小说的开创者。在女性作家一般都不为批评者重视的时候，简·奥斯丁已经屹立不倒。到了 20 世纪七八十年代，女权批评者开始挑战文学殿堂中男性一统天下的局面，简·奥斯丁尽管根本无需这种捍卫，却依然得到了新一波重视，这批读者对于她在女性问题上的鲜明立场钦佩不已。小说的传统评价遭到颠覆，比如艾玛·伍德豪斯不再被视为一位需要悉心调教的、不乏缺陷的女主人公，反倒成了女权的象征。同时，奥斯丁作品提及的历史背景也得到了特别关注，读者们对于诸如《曼斯菲尔德庄园》中的奴隶制等话题，或者那些大庄园和海军人物所包含的政治意味变得更为敏感了。

学界为了简·奥斯丁的政治性或缺乏政治性争论不休时，在更广阔的领域，对其作品的热情同样方兴未艾。20世纪电影电视的发展为简·奥斯丁笔下的人物提供了一个全新的舞台，许多人如今都是从屏幕上而不是书本中首次得知这些角色的。1940 年，《傲慢与偏见》首次改编为电影，剧本由阿尔多斯·赫胥黎撰写，英国广播公司（BBC）则于 1948 年首次制作了电视剧《艾玛》。此后，简·奥斯丁作品改编剧作始终是英国古装电视剧的主打产品。从 1990 年代开始到现在，她的作品被改编为更多的影视产品，数量惊人，吸引了大量知名影星和制作人。仅仅 1995 年一年，就有凯特·温斯莱特在李安执导的《理智与情感》中扮演玛丽安妮·达施伍德，安曼达·鲁特在罗杰·米歇尔的《劝导》中成功扮演安妮·埃利奥特，艾米·何克林将《艾玛》改编成青少年小众电影《无解》，安德鲁·戴维斯导演的《傲慢与偏见》六集短剧则让 BBC 的百万观众永远记住了那位落入水中、浑身湿透的达西先生。观看简·奥斯丁故事的欲望几乎永无止境，每年都会有新改编之作涌出，与已有作品形成争妍斗艳之势。

电影制作者们热衷于改编的还不只是简·奥斯丁的小说，作者本人的生平也令全世界观众浮想联翩。2007 年的电影《成为简·奥斯丁》便由此获得灵感。詹姆斯·爱德华·奥斯丁-雷和他的姐妹们要是看到这部 21 世纪好莱坞大片演绎出的简姑妈形象，没准会大吃一惊：她由美丽的安妮·海瑟薇扮演，显然还深陷一段秘而不宣的激情。正如这部影片所描绘的，现代人眼中的简·奥斯丁是一位年轻、自信、活泼的女士，不仅擅长写作，还是板球高手。她与维多利亚时代后期那位在一张整洁的小书桌上写作、会做精致针线活的奥斯丁小姐似乎截然不同。每代人都会创造出他们自己的简·奥斯丁，而她本人则在她的小说中长存不朽。自打《理智与情感》终于出版，世界听到她的声音以来，已过去了两个多世纪。时光流逝，她的声音丝毫不曾减弱，要说有什么变化，那也是日益变得更强大、更清晰了。

后记

1813年在一封私信中，简·奥斯丁提及自己“爱上了”克拉克森，她指的是不屈不挠的废奴运动家托马斯·克拉克森，他在其出色的著作《历史》中记录了废奴运动。[①] 两百年后，在另一场截然不同的运动中，克拉克森这个名字再度与简·奥斯丁成双成对地公开出现。2012年，有这样一则新闻：美国歌手凯利·克拉克森即将带着一枚本属于简·奥斯丁的戒指回美国。这则新闻引发了英国公众的抗议。克拉克森在一场拍卖会上，斥资15万2千4百50英镑，以完全合法的手段买下了这枚戒指。在愤慨不已的公众的抗议下，英国文化部不得不颁布了一则临时

---

①《简·奥斯丁通信》，第207页。

出口禁令，以便争取时间，让人们筹集资金，为英国保住这枚戒指。对许多读者而言，简・奥斯丁会佩戴一枚美丽的绿松石戒指，着实有点令人意外。她在小说里很少提及珠宝话题，偶尔写到首饰，每每都是用它们来发挥某种特殊功用，或者意在营造紧张的情节。爱德华・法拉斯戴着一枚装有一缕秀发的戒指来到巴顿村，几乎和《曼斯菲尔德庄园》里范尼・普莱斯得到一串金项链赠礼一样，一时引得众人议论纷纷。因此，作者本人的戒指引起如此强烈的情感反应，也属情理之中了。一年之内，资金就筹集到位，凯利・克拉克森慷慨大度地放弃了拥有权，这枚戒指被送到乔顿的简・奥斯丁故居纪念馆展示，成为其永久藏品。仰慕者们甚至可以花 450 英镑购买一枚仿制品。

曾经，简・奥斯丁在痛苦的弥留之际，靠着想象圣施维德对于亵渎神灵之举的反应来聊以自慰，现如今不知她会不会（没准并不会?）因为仰慕者们到头来也以类似的敬畏之情来对待她而有所安慰？简・奥斯丁触碰过的一切几乎都得到了宗教圣物般的待遇：受尊崇、被向往、遭争夺，最后被请进神龛，供朝拜者们前来顶礼膜拜。乔顿小村现在每年吸引的访问者达到大约 4 万人，他们全都渴望一睹她睡觉的卧室、她旅行的驴车，她用来写作的小圆桌。乔顿的花匠甚至已对那些赶来将爱侣的骨灰撒在简・奥斯丁的玉趾曾经轻踏之处的人们习以为常。她在英语文学史上的重要性，自打 20 世纪以来已日益彰显，不过她在更广阔意义上的文化生活中的地位，直到世纪末之际才水落石出。笔者这部简略传记的初稿完成后的10年中，简·奥斯丁的形象已变得更加高大——而且还在继续攀升。

著名作家总会引发各种各种各样的关注，从严肃学者耗费一生对其作品的研究到各种媒体的艺术家和作家们的创造性改编，可谓层出不穷。此外还有数量惊人的各种设计和产品，它们瞄准的是为数最为众多的一批追随者：热情的读者、观众和访客们。“简·奥斯丁”早已不再只是意味着一位生活在1775年到1817年之间的女小说家，而是发展为了一个偶像，一种产业。

新发现的“简·奥斯丁”肖像

21世纪进入第二个十年之际，迎来了简·奥斯丁首部小说发表两个世纪整的纪念日。这位小说家已经相当不乏声望，不过这个纪念日还是引发了人们对她的全新兴趣。2011年的一件大事，便是为纪念《理智与情感》的出版而举办的欢庆活动，不过，令媒体更感兴趣的话题则是简·奥斯丁的一幅新肖像，它成了当年BBC在节礼日[①]播放的

① 每年的12月26日。——译注

奥斯丁庆典节目的中心话题。鲍拉·布赖恩考证出，她拥有的一幅摄政年代肖像画的模特本人正是简·奥斯丁。这堪称一个重大发现——原因之一在于直到此时，这位女作家唯一已知的画像只有那幅卡桑德拉画的水彩小画。现在的这幅新画像上，坐在威斯敏斯特宫窗前的苗条挺拔女子，截然有别于简·奥斯丁的姐姐笔下的亲密小像上的主人公，不过鲍拉·布赖恩指出，她与简·奥斯丁的兄弟们的肖像在面容上极其相似，而画像背后写的名字也进一步支持着这个观点："简·奥斯丁。"她对这幅新发现的简·奥斯丁肖像画进行了热情的、令人信服的讲解，不过公众对此意见不一，而且，除非解决了画像的出处问题（对艺术品想要做出什么可靠的推论，这一点是关键），否则这个发现永远无法得到确证。不过，这幅画还是被送到简·奥斯丁故居纪念馆展出，还出现在布赖恩写的传记《真正的简·奥斯丁：事无巨细》中。

对奥斯丁研究者而言，这一年更重要的事件在于，博德利图书馆①征集到了《瓦森姐妹》的手稿。（这次认购所涉资金甚巨：993250 英镑，故而也引起媒体极大关注。）简·奥斯丁的小说鲜有原稿留存，所以这次发现并收藏简·奥斯丁亲撰的一份早期残稿，实属难得。这份珍贵遗物，就像未曾发表的《桑迪顿》一样，处处涂满了删改和

① 英国牛津大学总图书馆，英国第二大图书馆。——译注

添加的新灵感之语，让我们难得地领略到奥斯丁的写作过程，须知，在整理成文供发表的稿件中，这些改动都是看不到的。各种信函和家人回忆录中，常提到这位小说家坚定地削减、修改手稿的做法，现在有了这份不长却无价的残稿，这种说法也就得到了充分证明。

简·奥斯丁手稿之重要性，自然是毫无争议的，不过只有在过去这十来年中，它们才来到了更多的观众眼前。人们建起了一个出色的网站，煽起了读者对《瓦森姐妹》手稿的狂热之情。网络资料库“简·奥斯丁小说手稿”创建于 2010 年 10 月，通过它，全世界的人都可以亲眼看到奥斯丁的手写稿，您只需要访问如下网址：janeausten. ac. uk。在这里，您可以看到三部早期之作的手稿；还有《劝导》的原初结尾；还可以看到没有写完的《桑迪顿》。奥斯丁少女时代写给亲人们的各种献词和故事大结局的手稿上充斥的奇思妙想，都可以请君尽情欣赏了。

对小说手稿的数字化处理是由凯瑟琳·苏泽兰及其专家团队完成的，这一举措表明，电子技术拥有巨大潜能，可以帮助人们更好地理解简·奥斯丁的作品。可视性计算机图像也为简·奥斯丁研究开拓了新的领域。1813 年 5 月，简·奥斯丁因为《傲慢与偏见》的顺利出版而兴奋不已，她住在哥哥亨利家，趁机去参观伦敦画廊。在由油画和水彩画家协会举办的一场展出中，她开心地发现了一幅酷似简·班纳特的画像：“这就是宾利夫人本人啊！身材、脸型、五官和甜美的气质；再也没有比这个更像的了。她穿一件白袍，戴着绿色首饰，这证明了我一直以来的看法，绿色是最配她的颜色了。”[①] 简·奥斯丁还认为“达西夫人应该穿黄色”，不过画廊里没有合适这一位的画像。几天后，在帕尔摩大街的雷诺兹回顾展上，她依然没有找到符合她脑海中伊丽莎白·班纳特形象的肖像画，又一次失望而归（“我只能认为，达西先生对于她的画像都太宝贝了，一张也不肯拿出来给人看到”[②]）。令她失望而归的这次寻找，现在却结出意想不到的一枚硕果，对1813年的雷诺兹回顾展的图像复原如今已取得成功。由奥斯丁研究者安妮·巴卡斯主持的“简·奥斯丁都看到了什么”项目，让今天的读者们可以身临其境地进入这个画廊，欣赏里面的展品，甚至可以一间屋子一间屋子地看过去。人们自然是看不到伊丽莎白·班纳特的画像的，不过至少可以明白，在那位终极权威人士的眼中，那些不像她的画都是什么样的。

这位通常被视为标准英国人的作家，现在已成了一位国际人物，在澳大利亚、新西兰，在安多佛[③]，都备受欢迎。1940年，英国成立了简·奥斯丁协会，主要致力于保护乔顿的奥斯丁故居。此后，它日益繁荣昌盛，成员无数，

---

①《简·奥斯丁通信》，第221页。
②《简·奥斯丁通信》，第222页。
③ 美国马萨诸塞州东北劳伦斯以南的一个城镇。——译注

会议频频。它的分支机构遍布英伦三岛；新社团还在全世界不断涌现。巴基斯坦的简·奥斯丁协会每年12月都召开大会，以茶会形式共贺奥斯丁的诞辰，澳大利亚的简·奥斯丁协会则每年在悉尼举行一次圣诞节前午宴。西班牙是最新成立简·奥斯丁协会的几个国家之一，它组织竞赛、研讨会和读书俱乐部，而成立于1979年的北美简·奥斯丁协会目前已拥有5000名会员和70个地区分会，每年都举行声势浩大的集会，还主办了一份出色的网络期刊《劝导》。

2013年是《傲慢与偏见》问世200周年，一系列庆贺活动在全球各地举办，巴斯举行了读书竞赛活动，坎特伯雷、乔顿、爱丁堡、格雷特纳格林①、伦敦、莱姆公园②、牛津和温彻斯特举行了一系列展览，布莱顿③，乔顿、伦敦、牛津和约克等地主持了学习日活动，阿德莱德④、布里斯班⑤、剑桥、芝加哥、纽约、新加坡和东京召开了国际研讨会。摄政时代舞会和晚宴在各地盛行一时，人们还纷纷过起奥斯丁式周末，英国丘纳德航运公司策划了与奥斯丁同行跨大西洋游船项目。英国皇家邮政恰逢其时，推出一套纪念邮票，还设计了专供公共庆祝周从乔顿或史蒂文顿寄出的邮件使用的特制邮戳。就连英格兰银行⑥也赶

---

① 临近英格兰边境的苏格兰村庄。——译注
② 英国柴郡的古老名胜建筑。——译注
③ 英格兰南部城市。——译注
④ 澳大利亚海港城市。——译注
⑤ 澳大利亚东部城市，昆士兰州首府。——译注
⑥ 英国的中央银行。——译注

来助兴，《傲慢与偏见》纪念周年时，总裁马克·卡尼宣布，简·奥斯丁将登上新版10英镑纸币，替换掉原先的查尔斯·达尔文（此君也是简·奥斯丁的大粉丝，对此应该不会有异议）。

简·奥斯丁本人要是看到卡桑德拉画的小肖像印到货币上，估计也会颇为开心；肖像旁还配着精心挑选的奥斯丁格言："我宣布世上没有比阅读更令人愉悦之事！"这是宾利小姐的台词，虽说事实上后者所偏爱的与其说是书籍，不如说是银行钞票。简·奥斯丁肖像印上10英镑纸币其实颇为符合一些评论家的观点：金钱一直是她关注的一个问题。W. H. 奥登[①]的评论最为一针见血。在《致拜伦勋爵的信》中，他承认万分震惊地发现"一位未婚的英国中产阶级女士……如此坦率、如此明晰地指出了……社会的经济基础问题"。[②] 对于2016年下半年进入市场的一组简·奥斯丁5英镑纪念币，不知这位女作者本人又会有何感想？这些纪念币上印着由格拉汉姆·朔特[③]创作的简·奥斯丁小像，其市价一路涨到5万英镑。如果她得知2017年3月拍卖会上，《傲慢与偏见》的一部初版以3.8万英镑价格成交，不知又会发些怎样的妙语评论？

---

① 1907—1973，英国当代著名诗人。——译注

② W. H. Auden，《致拜伦勋爵的信》（Letter to Lord Byron），见 W. H. Auden 和 Louis MacNeice，《冰岛来信》（Letters from Iceland）（London，1937）。

③ 英国微缩画艺术家，1946年出生于英国伯明翰。——译注

“简·奥斯丁”俨然已是一个巨大的产业。《傲慢与偏见》出现了用穿戴着宽檐帽和蕾丝裙的猫咪、针织玩偶和几内亚猪演绎的简化故事版本。关于达西先生，已经出了成套木偶和剪纸卡片。从小说中摘录的名言印在背包、书签、手镯、茶杯和鼠标垫、靠垫和帽子上。商机滚滚，标志着奥斯丁在现代的成功，更向我们证明了简·奥斯丁无尽的吸引力。不管早些时候文学评论者们对于她的文字中那些先验性的一针见血之语作何评论，这些纪念品讲述的显然又是另一个版本的故事了。“简·奥斯丁活动玩偶”是个一手执笔，自信地大步前进的形象，截然不同于维多利亚晚期那个坐在小书桌前的老处女姑妈。凯瑟琳·德·包儿夫人当作巨大的羞辱抛向伊丽莎白·班纳特的话，现在成了印在 T 恤上的自豪宣言：“固执的犟姑娘。”

出版界已尽力为奥斯丁热煽风点火，出版了各种相关书籍，旨在引发大家对摄政时期的更大兴趣。任何希望炮制心目中的内特菲尔德①舞会的人，都可以从诸如《与达西先生共进晚餐》、《与简·奥斯丁共舞》或者《摄政时代女性着装》这类书里找到灵感。对于简·奥斯丁文本的传统学术研究已然汗牛充栋，不过比起前辈们，21 世纪的学者更喜欢研究这些作品引起的大众反应。与奥斯丁相关的活动、图书、博客和收藏将这位一度主要因其道德观而受

①《傲慢与偏见》中宾利先生的庄园。——译注

到推崇的作者置于一种谐趣的语境中。约翰·穆兰的谜语书《简·奥斯丁为何重要?》文如其名。与约翰·萨瑟兰的《谁背叛了伊丽莎白·班纳特?》相似，约翰·穆兰的一系列针对小说提出的问题也将文学评论与幽默演绎合二为一，还颇富八卦色彩（“简·奥斯丁的小说中提到过性吗?”)。毫不奇怪，穆兰最感兴趣的一部作品，正是充满字谜和哑谜的《艾玛》。

对简·奥斯丁小说的着迷，导致了一种非常不同的解谜玩法。“谁杀死了范尼·普莱斯?”林恩·谢非德在《曼斯菲尔德庄园的谋杀》中问道。在这部作品里，她把对奥斯丁女主人公的一个颇受欢迎的颠覆版本发挥到了极致，将《曼斯菲尔德庄园》改写为一部犯罪小说。一夜间，简·奥斯丁被塑造成了侦探小说之母，正如她被塑造为一切其他事物之母一样——我们熟悉的乡村谋杀类小说，通常被认为源自阿加莎·克里斯蒂，现在则可以追溯到《曼斯菲尔德庄园》了。或者，没准应该追溯到《傲慢与偏见》才对? P. D. 詹姆斯以《傲慢与偏见》为基础改写的《彭伯里[1]谋杀案》已成为一部畅销犯罪小说，还被改编成电视剧。如果说这些谋杀悬疑类小说多少是拿简·奥斯丁开涮的结果，那么它们和下面这些比起来，都已算是极其严肃积极的作品了：塞斯·格拉汉姆-史密斯的《傲慢与偏见

---

①《傲慢与偏见》中达西先生的庄园。——译注

和僵尸》，或者本·温特的《理智与情感和海怪》。奥斯丁本人并不反对造新词，比如艾玛就曾将自个儿命名为一位"想象家"，所以由她来引发这种新的文学"混搭"类型(因为将彭伯里和僵尸大灾难混合，在文学上堪称史无前例，评论者们只好从当代音乐术语里借用了这一合适用词)可谓恰如其分。当然了，《傲慢与偏见和僵尸》想必很快也会改编为电影。

这些混搭作品尽管未必符合所有简·奥斯丁迷的胃口，但它们比任何其他近期与简·奥斯丁有关的事件都更有力地证明，简·奥斯丁的小说已上升到现代神话地位。它们家喻户晓，非常合适被改编、反转或颠覆。许多从她的作品衍生而出的产品都成功地站稳了脚跟。海伦·菲尔丁的《单身日记》最初以报纸专栏的形式发表。这个在《傲慢与偏见》基础上炮制的故事，先是借用了奥斯丁小说主人公的名字，随后在改编电影中，又沿用了在 BBC 古装剧中扮演达西先生的科林·费斯来做主演。电影版《单身日记》问世后，又出了《单身日记 2：理性边缘》，最近还出了一部在时间跨度上又推进了几年的《单身日记：好孕来袭》。

自从 2011 年为了纪念简·奥斯丁两百周年诞辰，举办了一系列令人眼花缭乱的庆祝活动之后，人们又想到了她创作的那些作品，于是接下来数年中，每年都会针对她出版的一部小说举行出版周年纪念活动。六年中出了六部大作，即便现在看来，依然堪称成就斐然。21 世纪，各种周年纪念接连不断，开展纪念简·奥斯丁的活动时，一系列纪念一战结束的庆典也正在举行。这种历史的巧合将《曼斯菲尔德庄园》、《艾玛》和《劝导》与20世纪早期的那场动荡彼此关联起来，也让人们意识到简·奥斯丁的时代本身的战乱背景。在拿破仑战争的颠沛动荡中，曼斯菲尔德庄园或者海布里[①]似乎都奇迹般地幸免于难，丝毫未受侵扰。一战时期，有那么多做兄弟的、做丈夫的和做儿子的不得不奔赴战场，有那么多做姐妹的、做妻子的和做母亲的因为失去亲人而哀痛不已，每念及此，简·奥斯丁小说中这些静谧美好的世外桃源便显得更加诱人了。1917年，简·奥斯丁的仰慕者们曾在她去世百年的纪念活动中，筹建了一块纪念碑。在一战背景中竖起的这块黑色石碑，与法国北部的系列战争爆发之后，英国乡村各地竖起的纪念碑惊人地相似，因为战乱而平添了几分感伤色彩；这块嵌在简·奥斯丁的乔顿故居墙上的石碑上，铭刻着刘易斯关于简·奥斯丁的著名预言。这通言论发表于相对和平的年代，但是1917年，它被刻上铜板、钉上橡木时，显得分外意味深长，仿佛昭告的正是彼时人们心中的信仰。时至今日，对简·奥斯丁而言，它依然堪称一句恰如其分的纪念碑文："斯人之作，青春永驻。"

---

①《艾玛》中女主人公生活的村庄。——译注